Teile dieses Buches erschienen auf dem Blog
fraenkys.blog.de und an diversen Stellen
bei XING, facebook & anderen Netzwerken.
Wenn Sie mich finden, können Sie sich
mit mir verxingen oder verbooken oder verbloggen.

AF166828

1. Verelektronisierung

Herstellung und Verlag:
BoD - Books on Demand, Norderstedt

ISBN 9783735788658

© Frank Mißbach

MIX
Papier aus verantwortungsvollen Quellen
Paper from responsible sources
FSC® C105338

FSC
www.fsc.org

Frank Mißbach
Verkäufer vs. Käufer

Eine Woche Spaß im Verkauf

Satire

„Hier können Sie aufschreiben, was Ihnen
gerade nicht gefällt.
Damit wir mal darüber geschrieben haben."

Frank Mißbach

Eine Woche Spaß im Verkauf

Mehr Spaß, Mehr Sexappeal,
Mehr – 'na Sie wissen schon!

Das mit der Kohle lohnt sich aber nur, wenn Sie auch
'nen Ofen haben. Wollte ich nur mal so am Rande
erwähnen. Wenn Sie eine Ölheizung haben, müssen
Sie natürlich in den Heizölmarkt einsteigen!

Ein Brüller nach dem Anderen!

Ach so: Sie sollten das hier nicht allzu ernst nehmen.
Es ist und bleibt zwar wahr, ist aber nicht zum
Nachahmen gedacht.

Aus dem Sächsischen:
von Francis Missriver

Für meine Töchter, meine Ehefrau, und die
vielen Freunde, die alle meine Wortspielereien
ertragen mussten. Und immer darauf warten,
dass ich ihre Gedanken im Mund umdrehe.

UNTERSTÜTZEN SIE UNSERE ZUKÜNFTIGEN
VERKÄUFER:
Für jede Phrase, die Sie während des Lesens dieses
Wunderwerkes ablassen, geht ein Euro ins
Phrasenschwein für benachteiligte Verkäufer
insbesondere an Versicherungsvertreter,
Autoverkäufer, Staubsaugervertreter.
Bitte nur als Goldmünzen an mich senden.

Inhalt

Wieso Sie dieses (e)Buch in Händen halten

Na, wahrscheinlich weil Sie es gekauft haben. Und ...

Es war an einem sonnigen Nachmittag in meinem tristen Verkäuferalltag.

Die ganze Kundenschar musste irgendwo am Strand liegen und sich einen

Kehricht um mich scheren. Jedenfalls war mein Büro so gähnend leer, wie

ein leerer Swimmingpool. Und es war auch niemand zu bewegen, sich mit

mir bei einer warmen Tasse Kaffee über Versicherungen zu unterhalten.

Dabei hatte ich ein wohl durchdachtes Konzept, dass niemanden kalt ließ.

Aber NEIN; sie mussten den Strand so voll stopfen, dass man förmlich die

frei schwirrenden Hormone riechen konnte. Nichts mit bahn-brechenden

Umsatzzahlen und uferlosen Rekorden. Nur stupider Blick auf das Telefon.

Nun waren zu dieser Zeit die neuen Netzwerke im Aufwind und so

versuchte man sich in diesem neuartigen Kommunikationskanal. Auf einer

dieser Plattformen gab es interessante Diskussionen zum Thema „Verkauf".

(Es schien weltweit sonst nichts besonderes los zu sein). Und eines dieser

Themen inspirierte mich zur Verarbeitung meiner ersten

Verkäuferlebenserfahrungen. JA, es sollten alle am Trog meiner Verkaufserfolge sich bis zur Neige laben können.

Ja und nun halten Sie es in Händen. Gebündelt (falls Sie es sich ausgedruckt haben oder lesen es per eBook-Reader und wollen sich in den Tiefen verkaufspsychologischer Exzesse gefangen nehmen lassen. Sie haben sicherlich das eine oder andere Ziel mit diesem Buch. Sie wollen Millionär durch Verkäufe werden? Mmh, schlecht! Sie wollen die Psychokiste aufmachen, wenn mal wieder so ein widerspenstiger Kunde auf der Matte steht? Mmh, ganz schlecht. Sie wollen die neuesten NLP-Kniffe einsetzen und die KollegINNen aus der Einkaufsabteilung ….? Mmh, … Ich enthalte mich. Also, Sie hätten lieber in ein herzhaftes Brötchen und Tee investieren sollen, denn dieses Buch wird Sie bestimmt nicht ernähren. Es sei denn, Sie stehen wie knapp 368 weitere Verkäufer und Manager auf das Kauen von bedrucktem Papier. In Notsituationen versteht sich. Uuuuunnnnd im ganz aller letzten Fall können Sie ja noch das doppel NULL damit aufsuchen. Es hätte zumindest einen Zweck.

Aber ich weiß schon jetzt, Sie werden es nicht tun. Sie werden statt dessen wie nach einer Serie im Vorabendprogramm mit Ihren Kollegen und Kolleginnen sich im Sumpf ausufernder Verkäuferwitze suhlen. Und Sie werden jeden darauf hinweisen, dass die Benutzung dieses Buches mindestens die Hälfte des Verstandes kosten wird. Wenn nicht sogar 50%. Also, jetzt haben Sie noch die Chance wie Ihre Kunden NEIN zu sagen. Eine Seite weiter ist es zu spät. Dann gibt es kein Zurück. Auch nicht das Geld, dass Sie hierfür natürlich völlig unnütz ausgegeben haben. Aber naja, jeder macht mal einen Fehler.

Was die Guten haben, wollen

die Schlechten auch haben.

Nur das sie meistens nicht

erkennen, wenn sie

es in Händen halten.

Wie Sie dieses Buch lesen sollten

Zuerst einmal richtig rum. Es kann dauern, bis es endlich los geht. Und dann machen wir es wie 95% aller Verkäufer. Ich werde Sie einfach tot quatschen; schreiben! Das macht mir übrigens am meisten Spaß: Möglichst so viele wie erdenkbare, nicht zusammen hängende Worte aneinander reihen, um den Kunden vollends zu verwirren. Dann ihm aus der Wirrnis, die ja eigentlich nur meine ist, einen Weg aufzeigen, mit dem er wieder heraus findet. Nur eben nicht dahin, wo er vorher stand. Sonder einen ganz anderen Ort wird er vorfinden.

Sie sollten sich auf keinen Fall übernehmen. Machen Sie genau das, was Sie sonst auch immer tun, wenn Sie auf Kundenfang gehen sollen. Machen Sie nur eine Sache und dann PAUSE! In unserem Fall lesen Sie nur ein Kapitel. Sie brauchen die Pause, denn ich möchte vermeiden, dass Ihnen aufgrund wieder entdeckter Wahrheiten das Grüne aus dem Gesicht fällt, dass Ihre Haut danach kennzeichnet. Also eine nach der anderen konsumieren. Nie zwei gleichzeitig. Sie würden die Dinge nur verwischen. Rufen Sie auch niemanden an und sagen ihm, dass Sie nicht mehr aus dem Lachen kommen. Auf keinen Fall sollten Sie in Sozialen Netzwerken Lobeshymnen auf Ihre Erkenntnisse singen. NIE! Es gibt einfach schon zu viele unschuldig für bekloppt erklärte und bei Versicherungen eingesperrte Verkäufer. Dort reicht es einfach. Die vertragen nicht noch mehr davon. Also seien Sie Gentleman oder Lady und genießen im Stillen. Knien Sie meinetwegen vor Ihrem Blumenaltar nieder und schütteln sich mal so richtig aus. Lassen Sie es kommen. Es muss aus Ihrem Zwerchfell langsam aufsteigen. Sie müssen akzeptieren, dass all die hier verfassten Ereignisse die pure Wahrheit sind. Und seien diese noch so haarsträubend. Und dann schütteln Sie sich aus vor Lachen!

So richtig! Wir probieren das mal:

Verkäufer: „Gnädige Frau, Sie müssen nicht alle hundert Prospekte in die Tasche stopfen. Wenn Sie eines brauchen, können Sie sich jederzeit eins abholen. So wie es die anderen Kunden auch machen."

Kundin: „Bei den Energiepreise? Die heizen so schön und geben wollige Wärme ab."

Es brauchte manchmal Stunden bis die Muskelkontraktionen wieder nachließen. Darum nehmen Sie sich die Zeit wie in der Kundenakquise. Immer schön langsam.

Dann bis morgen!

P.S. Und da ich weiß, dass die meisten Verkäufer nicht immer Pausen einlegen, haben wir Pausen eingebaut. Sie werden schon wissen, wann ...

Montag

Tagesslogan: „Vor dem Klo und nach dem Essen gibt es immer Wartende im Restaurant!"

Der Montag, stammt ab von MONT AG.

Der fleißige Verkäufer wird am Montag

früh's um 8 Uhr den ersten Termin haben.

Der Sprücheklopfer auch; Frühstück.

Eine Besucherin schlendert ahnungslos den Gang zwischen den ersten Messeständen entlang. Plötzlich ...

Verkäufer: Danke, das Sie jetzt diese Karte ausfüllen werden!

Besucherin: Wieso?

V: Na weil Sie sonst das Schönste Erlebnis des heutigen Tages verpassen werden!

B: Äh' ...

V: Mit Ä fängt ihr Name an?

B: Ne, ich weiß nicht ...

V: Nicht so schlimm, das passiert mir auch manchmal, das ich meinen Namen vergesse. Kommen Sie hier ist extra ein Stuhl für Sie. Im Sitzen denkt es sich leichter.

B: Ja,....

V: Nehmen Sie Platz. Bitte!

B: Äh Vorname oder Nachname?

V: Beides!

B: Karla Paflinskoewna.

V: Jaaa. Wie buchstabiert man das?

B: Ka ..... aaaaa .... rrrrrr ....

V: Ja, das weiß ich, wie das geschrieben wird. Ihr Nachname?

B: Ja, das weiß ich auch nicht.

V: Wieso? Ach so, Sie können nicht ... Da müssen Sie sich nicht schämen.

B: Na Sie! Ich habe letzte Woche erst geheiratet. Und wenn ich unterschreiben muss, dann geht das so ... zack - zack.

V: Dann nehmen wir einfach mal. P A F L I N S K O E W N A.

B: Machen Sie das.

V: Ihr Alter?

B: Horst Munikowinschewski. Das kann ich Ihnen buch ...

V: Ne ...

B: Ach Sie wissen wie das geschrieben wird? Sie kennen wohl meinen Vater?

V: Nein, ich ..

B: Ha, da verpassen Sie aber was ...

V: Ich meinte, wie alt Sie sind?

B: Sie sind aber unhöflich!

V: Dann nennen Sie mir doch einfach Ihr Geburtsdatum.

B: Ja. 15. März 1955, glaube ich.

V: Glauben Sie?

B: Na ich war noch klein, wo ich geboren wurde und es hat sich in der Steppe niemand das Jahr gemerkt.

V: Und woher wissen Sie dann den Tag und Monat?

B: Das, ach nicht der Rede wert. In unserer Familie hatte keiner im März Geburtstag und da haben sich meine Eltern darauf geeinigt. Wegen die Behörden.

V: Oha. Ja, ähm.

B: Ist Ihnen schlecht? Sie sehen so verwirrt aus.

V: Ja.

B:	Ihre Hände sind ganz weiß. Ist Ihnen kalt?
V:	Ja, ich mache ja auch Kaltakquise.
B:	Ja um diese Jahreszeit ist man schneller erkältet als man denkt.
V:	Kann ich noch eine Frage stellen?
B:	Nur zu!
V:	Telefonieren Sie gerne?
B:	Ja, liebend gerne.
V:	Wäre es da nicht gut, wenn Sie telefonieren könnten, wann und wie sie wollen?
B:	Das gibt es? Aber sicherlich teuer?
V:	NEEEEEEEIIIIINNNNNNN!
B:	Wie viel?
V:	29,90 im Monat! In alle Netze.
B:	Ohhhhhh.
V:	Kommen Sie Frau Paf ... Pafelinschki. Dafür alle Netze egal wohin. Weltweit. Na?
B:	Ach Sie. Auch Russland – Deutschland?
V:	Jaaa, natürlich!
B:	Und wer legt mir die Telefonleitung? Wir haben nämlich noch keine.
V:	Keine Leitung? Gibt's doch gar nicht!
B:	Dooooch. Machen Sie?
V:	Ja, das kriegen wir hin. Wo wohnen Sie? Welche Stadt? Oder Dorf?
B:	Taldi Kurgan.
V:	Wie?
B:	T A L D I K U R G A N.
V:	Wo liegt denn das?
B:	Von hier? Wie soll ich Ihnen das jetzt beschreiben. Also Sie

steigen in den Zug nach Moskau ...

V: Moment. Welches Land?

B: Kasachstan.

V: Uuuuuooooooaarrrrrgggghhhh.

B: Wie?

V: Geht nicht!

B: Sie haben mir eine Telefonleitung versprochen /

Tränen fliessen /

V: Ja, aber doch nicht so weit.

B: Sie haben ja nicht gefragt!

V: Aber Frau P! Wissen Sie, ich hätte da 'ne Lösung. Ich kenne hier einen guten Kollegen. Der arbeitet im Bereich Fernabsatzgeschäfte. Der Michael. Der kennt sich mit anderen Ländern und anderen Sitten aus. Der weiß, wo man da Anschluss findet. Social Media Freund.

B: Früher war mal die Deutsch-Sowjetische Freundschaft mit mehr Substanz.

V: Frau P.! Früher, da hatte ich auch 'ne sichere Rente. Gehen Sie mal dahinter. Da links … Wo die drei Herren gelangweilt um den Tisch stehen. Nur zu!!!

B: Na gut, dann gehe ich mal ...

V: Tschüß.... Boah' wo hat mich meine Firma nur hingeschickt.

Ansage: „Wehrte Gäste. Willkommen auf der Messe: ‚Mittelasiatische Märkte' ...“

Wann beginnt die Euphorie bei der Arbeit?

MONTAGS

M att

O hnmächtig

N eugeboren

T atenfroh

A usgelassen

G igaparty

S 'wars.

In MONTAGS steckt die ganze Woche halt schon drin.

Ich muss euch unbedingt von meiner letzten Tortour erzählen. Ich wache eines Morgens auf, die Sonne kitzelt mich an der Nase, da isses. PING. Wie ein Hammerschlag trifft es mich.

JA! Das ist es!

Ich werde Autor.

Ich verkaufe meine Erfahrungen. Das ist doch ein Leichtes. Ich denke mir noch 'Trinkst du noch fein einen Kaffee und dann los zum Verlag.' schon stehe ich in meinen Schuhen und die Füße laufen das erste Mal seit langem wieder freiwillig die Treppe runter. Ich tanze auf der Straße wie ein aufgescheuchtes Reh. Behende hüpfe ich auf der Bordsteinkante. Mich kratzen sogar die Sprüche der Bordsteinschwalben nicht, die da rufen: "Eh, der Schwulenstrich ist ..." Ich verschliesse einfach meine Ohren.

Der Weg war nicht weit und schon sichtete ich das imposante Gebäude mit den fünf großen Buchstaben: "VERL.G" Hä? Aaah! Ja. Ich finde sogar den Eingang. Diese hinterhältige Schlange von Drehtür werde ich lange nicht vergessen. Sie wollte mich nicht rauslassen, wo ich wollte. Ständig war eine Scheibe im Weg. Ja, Freunde, falls ihr dort wart. Nach zehn Minuten im Kreis gehen hatte ich die Nase voll. Ich kam mir vor wie im Zoo. Da waren vor mir und hinter mir Leute, die starten so entgeistert. Sie trieben sich mit mir ein böses Spiel.

"Kommen Sie endlich hier raus. Kommen Sie HIER raus." Ich wußte gar nicht wo mir der Kopf steht. Tor 1 oder Tor 2? Ihr lacht. In einer solchen Zwangslage ist es nicht leicht zu entscheiden. Ich wählte dann doch Tor 3. Also genau genommen erschuf ich Tor 3. Mithilfe meines Schuhs. Barfuß darf man da jetzt zwar nicht mehr lang, aber ...

Ich denke aber, die sind in manchen Verlagen etwas rassistisch. Die haben etwas gegen junge Menschen. Jungautoren sogesehen. Nur weil man mal nicht weiter weiß, bilden die einen Folterkreis. Es dauerte eine Ewigkeit, bis ich denn an meinem Zielort war. Wobei ...

Ich betrat den Vorraum zum Ziel meiner Träume. Die Sekretärin oder Empfangsdame nahm mein Anliegen auf und bat mich zu warten. Es wäre selten, dass Autoren persönlich erschienen, bevor sie ein Manuskript eingesendet hätten. Ich entgegenete ihr, das ich noch nicht genug Geld habe, um mir einen eigenen Agenten zu gönnen. Sie verleierte die Augen, ließ mich aber gewähren.

Endlich öffnete sich die Tür und ein alter weißbärtiger Mann füllte den Rahmen aus. Seine stämmige Natur erinnerte mich eher an die Musterung der Bundeswehr als an einen Verleger.

Er bat mich herein

Verleger:	Guten Tag. Max von Gutlingen.
Autor (also ICH):	Guten Tag. Fränky.
Verleger:	Fränky?
Autor (also ICH):	Ja. Bin ich!
Verleger:	Schon klar. Aber einen Nachnamen haben Sie auch, oder?
Autor	Ja. Aber das klingt als Künstlername nicht.
Verleger:	Gut. Gut. Na dann erzählen Sie mal.
Autor :	Alles?
Verleger:	Wie viel haben Sie denn schon fertig? Worte? Seiten?
Autor :	Vielleicht Hundert. Hundertfünfzig.
Verleger:	Ähm? Sie wissen nicht genau, wie viel Sie geschrieben haben?
Autor :	Geschrieben? Nö. Ich dachte hier gibts jemand der das macht.
Verleger:	Ach Sie meinen Ghostwriter.
Autor :	Wie der heißt, weiß ich nicht. Hauptsache der macht es.
Verleger:	Haben Sie schon ein Exposé?
Autor :	Expo? Messe? Ähm ...
Verleger:	Nein. Ein paar Seiten. Eine Zusammenfassung. Einen Ausschnitt.
Autor :	Ach so. Ja aus'm Stehgreif. Pünktchen. Pünktchen. Pünktchen. Also ging ich die Straße entlang. Und die Straße führte zur kundin Müller Pünktchen. Pünktchen. Pünktchen.

Verleger:	Nein. nein. einen Ausschnitt, damit ich mir ein Bild machen kann.
Autor :	Da kann ich helfen. Hier mein Handy nimmt Bilder mit bis zu 5,2 MEGA-Pixel auf. Das ist ja wie in den Spionagefilmen. Unter uns: An wen verkaufen Sie die Pammflees.
Verleger:	Eine Leseprobe!
Autor :	Schon klar. Mit wie viel werde ich beteiligt?
Verleger:	Wie bitte? Ob Sie eine Leseprobe geschrieben haben und diese mit dabei haben?
Autor :	Lassen Sie uns erst einmal den Preis verhandeln. Dann kann ich Ihnen auch sagen, wie viel Leistung Sie dann zu erwarten hätten.
Verleger:	Aber ich muss doch erst mal lesen, was Sie zu bieten haben, damit ich weiß, ob es in unser Programm passt. Dann können wir über den Preis verhandeln.
Autor :	Das sagen Sie alle. Dabei wollen alle nur kostenlos testen. Hier eine Woche. Da 'ne Woche.Lassen sie uns noch einmal die Positionen zusammen fassen. Sie möchten ein Buch, das in Ihr Publikum reinhaut, dass denen noch in ein paar Monaten die Ohren schlackern. Es gibt in Deutschland vielleicht eine Million Verkäufer. Vielleicht auch mehr. Was denken Sie aus Ihrer Erfahrung, wie viele davon kaufen ein Buch?
Verleger:	Herr Fränky. das weiß ich nicht!
Autor :	Gut, dann müssen wir auf meine Marktdaten zurückgreifen. Mein Verkaufspreis liegt bei 500.000,- € ...
Verleger:	WAAAAAS?
Autor :	Dafür erhalten Sie aber 100 Seiten prall gefüllt mit treffsicherer Akquisetechnik, die selbst Ihnen dazu verhilft, die angepeilte Umsatzmenge zu erreichen. Sollten die Verkaufszahlen nicht mit den gewünschten Ergebnissen korellieren, könnte ich noch eine Schriftseitensteigerung von 20% für eine zweite Auflage anbieten.
Verleger:	Sie sind doch nicht bei Trost.
Autor :	Ich weiß, unglaubliche Ziele ist das Trennmittel von Spreu und Weizen. Nur die Visionisten vermögen das Licht am Ende des Tunnels zu sehen. Sie sind kein Visionär?
Verleger:	Manchmal doch, aber doch nicht bei solch unverschämten

	Forderungen. Was soll denn in dem Buch stehen, dass einen solchen Preis rechtfertigen würde.
Autor :	Das ist eine gute Frage und damit sind wir beim Thema. Die dirty Tricks der Verkäuferbrut. Die schlimmsten Alpträume der Kunden. Die derbesten verbalen Fesselspiele.
Verleger:	Das ist aber noch nichts konkretes. Sie kennt niemand.
Autor :	Das ist kein Problem. Ich lade mal Ihre Sekretärin zum Essen und so ein. Sie kann ja dann ausführlich berichten.
Verleger:	Ich muss mir das alles noch mal überlegen!
Autor :	Was denn konkret? Ist es die Anzahl der Seiten? Darüber läßt sich verhandeln.
Verleger:	Nein Ihr Honorar!
Autor :	Ach darüber läßt sich verhandeln. Zahlen Sie innerhalb von 14 Tagen gebe ich 3% Skonto. benötigen Sie eine Finanzierung, würde ich eine Anzahlung von 30% fordern und die restliche Summe zu 3% über Diskontsatz verzinsen. Laufzeit maximal 36 Monate!
Verleger:	Gut. Gut. Ich spreche mit meinem Chef!
Autor :	Wann darf ich noch mal zurückrufen?

Die Verabschiedung ging im Geprubbel des kauzigen Kerls unter. Irgendwie kam es mir vor, dass er keine Einkaufsvollmacht hatte. Die sollten mal an Ihrer Personalpolitik arbeiten. Durch eine solche Struktur werden die bürokratischen Wege stark verlängert und die eingeschränkten Befugnisse verhindern ein flexibles und marktorientiertes Handeln. Darum habe ich beschlossen, in der nächsten Woche noch einmal herzukommen. Dann zum Thema: Coaching der Einkäufer!

Dienstag

„Ach wenn doch nur schon Donnerstag wäre,

dann wäre morgen Freitag."

Der Nichtsahnende ist

meist zu überraschen. Darum

willst du jemanden überraschen,

sucht dir einen Unwissenden.

Ehemänner zum Beispiel.

Der Traum eines jeden Verkäufers ist es, neue Märkte zu erschaffen, wo praktisch vorher keine waren. Also Bedürfnisse erschaffen. Dies funktioniert natürlich nur, wenn elementare Gefühle angesprochen werden.

Es klopft dezent. Sie geht zur Tür und öffnet einen kleinen Spalt.

Kundin:	„Ja?"
Verkäufer:	„Guten Tag. Frau Sorglos?"
K:	„Öhm, ja?"
V:	„Ich hätte etwas persönliches für Sie … mit Ihnen zu besprechen. Es ist etwas dezentes, könnten wir...?"
K:	„Worum geht es denn?"
V:	„Nun, es geht um Sie und Ihre Zukunft. Und um Ihre Ehe … noch Ehe."
K:	„Wieso das, äh … ?"
	Die Tür öffnet sich nun ganz.
V:	„Ja Ihr Ausdruck sagt mir, dass Sie unwissend sind. Wie soll ich es sagen. Ich befürchte, Ihr Mann ist auf der Suche."
K:	„Och nö. Nicht schon wieder so ein altes klapp ..."
V:	„Nein, alt und klapprig kann man sie nicht

bezeichnen."

K: „ ... riges Auto. Nicht?"

V: „Eher eine neue Insassin."

K: „Ich verstehe nicht ..."

V: „Kann es sein, das Ihr Mann momentan etwas unglücklich ist? Und Abenteuer und Abwechslung sucht?"

K: „Jetzt, wo Sie das sagen ..."

V: „Es ist zu befürchten, dass er nicht nur ein altes Auto neu aufmotzen will, sondern, also probeweise, den Abgang, ... also ..."

K: „Oh Gott, nein, nicht etwa ..."

V: „Gott bringt da jetzt mal nichts. Haben Sie denn die seltsamen Wandlungen irgendwie feststellen können?"

K: „Wandl... Ja, ich weiß jetzt nicht ..."

V: „Ich weiß aus vielen Jahren Erfahrungen, das meistens der Ehepartner das nicht so recht zuordnen kann."

K: „Und nun?"

V: „Gute Frage. Hier?"

K: ...

V: „Ach, ist wohl zu Hause."

K: „WIIIIIIEEEEE heißt sie?"

V: „Das weiß ich noch nicht. Aber wenn Sie wollen, kann ich das für Sie recherchieren?"

K: „Dieser alte Sack. Warten Sie mal, ich muss ..."

V: „Nein nicht. Die Frage ist, wollen Sie Rache oder eher Geld?"

K: „Rache! Und Geld."

V: „Sehr viel?"

K: „Mein Haus. Mein Auto. Meine Kinder. Meine Bankkonten."

V: „Guuut. Äh oh, der arme Hund. Ähm. Dann wird er wohl noch mal von vorne anfangen müssen."

K: „Der kann was erfahren..."

V: „Nein. Nicht! Wenn Sie jetzt gleich Raaache üben, dann wird er es merken. Und alles abstreiten. Wir müssen erst einmal die Beweise strick .. äh finden. Die Stichhaltigen. Sonst nimmt er sich einen Anwalt und dann wird's schwierig. Also psssst."

K: „Gut. Was nun?"

V: „Wie wäre es mit morgen. Mittwoch, so 15 Uhr?"

K: „Paßt. Wer sind Sie denn eigentlich."

V: „Hier meine Karte. Ich bin Sales Manager der kreativen Rechtsanwaltskanzlei Humbertus Bieger"

K: „Gut, dann bis morgen."

Blobb.

V: 'Naja, die neue Vertriebsmethode funktioniert doch. Schon 6 neue Ehestreitsachen. Das macht eine fette Provision.'

Verkauf und Werbung greift um sich. Überall, manchmal auch an Stellen und Orten, wo man es lieber nicht hätte. So neulich in einem stillen, wohl aber öffentlichen Örtchen.

Auf der Toilette. Dringend. Ich stürze in den "Erleichterungsraum". Aaaaahhh. Fertig. Waschbecken. Neben mir erscheint eine adrett gekleidete Frau. Ich erschrecke und ein peinlicher Gedanke schiesst mir durch den Kopf: `Hat sie mich beobachtet?`

Sie:	"Chief Hyghiene Officer. Karen Rein. Darf ich Ihre Postleitzahl erfahren?"
Ich:	"Ich habe keine eigene Postleitzahl. So ein großes Unternehmen vertrete ich nicht."
CHO:	"Nein, mein Herr. Ich meine, wo Sie wohnen?"
Ich:	"Äh. Dass verrate ich eigentlich erst nach dem zweiten Treffen."
CHO:	"Ach, Sie wollen uns wieder besuchen? Dann hat es Ihnen sicher gefallen! Darf ich Ihnen noch etwas empfehlen?"

(Während ich versuche mich an den Fön zu winden - sie steht direkt davor!)

Ich:	"Wenn es denn sein ..."
CHO:	"Wir haben heute ein Sonderangebot. Handcreme `Soft&Silk`. Wenn Sie dass nächste Mal wieder müssen, dann reibt es nicht so, wenn sie ihn auspacken. Erste Etage - in unserer beautiful-longe!"
Ich:	"Sie! Ich ..." (rotes Gesicht)
CHO:	"Verstehe. Blutdrucksenke Mittel bekommen Sie in

unserer Health-care-Abteilung. Zur Entspannung empfehle ich die Fahrt in unserem kostenlosen Chill-driver."

Ich: "Ich platze gleich, weil ..."

CHO: "Herr! Nicht hier, ich habe gerade alles gewischt. Aber Sie können in unserer Inner-satisfaction-Abteilung einen Tee genießen, der Ihnen die Spannungen nimmt. Ein Special-Service, mit dem Sie als Besucher unserer "Pressure-relaxe-Abteilung" (sie machte eine einladende Rundumarm-bewegung) mit dieser Gutschein-Karte (eine unauffällige Handbewegung und sie hielt mir eine Kundenkarte 10 cm vor die Augen) ein Freigetränk erhalten. Na?"

Ich: "Öhmmmm ...."

CHO: "Da staunen Sie, was! Wir sind sehr stolz auf diese Entwicklung. Uuuuunnnndddd: Sie können diese Karte aufladen. 1 mal Anal emptying 5 Pinsps und 1 mal Micturition 1 Pinsps. Ab 3 Personen pro Besuch gibt es 20 Pinsps Bonus."

Ich *(nunmehr völlig verstört)*: "Wie Pimschb? Pieeee ... Was ist das??"

CHO: "Dasssss wollen Sie nicht wissen!"

Ich (trotzig): "Dochchchch!"

CHO: "Wie Sie wollen. Ich habe Sie gewarnt, dass könnte Ihre Kaufbalance verwirbeln.(Flüsternd) Pinkeln und Sch***n Punkte.*(Lauter)* Ich hoffe, Sie haben sich wohl gefühlt."

Ich: "Siiiiicheeeeeer!"

CHO: "Dann sollte dies so bleiben. Übrigens, Sie haben da was an der Hose! Sie haben doch wohl nicht ...?" *Ich (das Bild muss grässlich gewesen sein)packe meine Hose am Bund, ziehe sie hoch, beuge mich vor und schaue.*

CHO: "Modefrische Accessoires, die Sie aus diese bedrängten Situation führen finden Sie in der 3. Etage in der Abteilung "Clothing Accessories for   Men and Stars". Dort können Sie als Erstnutzer unserer Kundenkarte eine Sofortrabatt von 10% in Anspruch nehmen. Gehen Sie schnell. Es fällt noch nicht weiter auf, wenn man nicht direkt hinsieht:"

Sie verabschiedete mich mit einem breiten Grinsen.

CHO: "Einen angenehmen Schopping-day noch."

Ich trotte leicht irritiert davon und überlege tatsächlich, ob ich in der Männerabteilung schnell eine Ersatzhose kaufen sollte. Peinlich. Oder hat sie mich nur unsicher gemacht?

P.S. Musste aus Zeitungspapier ein E und mehrere Mitlaute ausschneiden und Einkleben. Sollten noch Fehler zu finden sein - habe leider keine Zeitung mehr.

Mittwoch

Man fühlt sich völlig getrieben. Vom kommenden Wochenende.

Chefs sind auch nur Menschen.

Erster Klasse zwar; aber

Menschen. Sie sehen

etwas anders aus, und

geben sich anders.

„Mein Chef ist ein Dämmlack."

„Wieso?"

„Ständig will er neuen Umsatz."

„Jaaaa. Ist doch normal."

„Im Gartencenter stehen die Bäume nun schon alle links und die Blumen rechts. Soll ich jetzt wieder alles zurück setzen?"

„Und weißt du WARUM?"

„Nö!"

„Das ist ein riesen Kundenrätsel. Die Kunden sollen Ihre Sachen suchen, die sie haben wollen. Ein großes Osterfest sozusagen."

„Aha. Dann werde ich mal die meistgefragtesten Dinge verstecken!"

Nur 0,04% aller

Verkaufsentscheidungen

beruhen auf rationalem Denken.

Der Rest stammt von Frauen.

Ja, Sie! Sie sind genau der Verkäufer, der ständig nur meckert. Dabei ist das Leben schön. Andere müssen für das Geld mit schweren Maschinen Tag ein Tag aus Straßen auf baggern und wieder zuschütten. Sie können derweil gediegen im Auto von einem Ort zum anderen fahren. Okay. Sie sehen bestimmt nicht so braun gebrannt aus. Und muskulös. An einem weißen Strand wird man Sie wahrscheinlich eher als Inventar wahrnehmen. Oder verkrustete Ablagerung. Ausgebleicht. Dafür gibt's aber leuchtende Mützen (gelb) und Sonnenbrillen.

Vielleicht müssen Sie für die gleiche maskuline Schönheit und Bewunderung ~zig Stunden die Woche im Fitnessstudio (ja mit 3 S) schwitzen und so Aufbauzeugs schlucken. Und durch Wald und Flur joggen. Hält gesund. Und jung. Trotz Falten. Natürlich gut verteilt übers ganze Gesicht.

Sonnenstudio und Massage oder Beauty—Weekend. Und Seminare in 4 Sternehotels. Und ausgiebigem Frühstücksbuffet. Oder irgendwelche kulturellen Veranstaltungen – Jahresauftaktveranstaltungen. Oder gar Erfolgsboni - so Reisen rund um den Globus.

Ja das Verkäuferleben ist schon eine herbe Enttäuschung. Keine harte Arbeit und körperliche Anstrengung. Nur dauernd den Kopf anstrengen und Quatschen, quatschen, quatschen. Eigentlich ein idealer Job für Frauen. Diese hätten dann mit dem maskulinen Körper auch kein Problem.

Eine Verkäuferin, die mir den Atem stocken ließ; die mich hilflos machte, kam auf mich zu geschritten und ich vernahm nur durch eine Nebelwand:

„Hallo lieber Mann. Sie suchen eine neue Erfahrung?"

Ich vermochte nur ein Stottern heraus zu bringen: „W-w-w-w-wie bitte?"

„ Ja, wir haben für den Mann von Welt die ultimative, sechszylindrische Männlichkeitsverlängerung."

Von meinem Verstand war nichts mehr übrig. Wahrscheinlich hatte ich mich innerhalb von Sekunden wieder in meine Pubertät zurück katapultiert:

„Ähm, ich ... ich ... wollte ..."

Sie liess mich zappeln: „ Ja, da kommen Sie ins Stottern. Soviel MANPOWER auf einen Quadratmeter verstaut mit Hightech-Elektronik der neuesten Generation bringt selbst den technik-verwöhnten Laien in ekstatisch Verzückung. Wolllust steigt auf und will die Pferde zähmen."

„Wow ..."

„Na und ihre egomanische Seite erst, die wird Neid in die Augen ihrer ärgsten Nachbarn meißeln. Schönheit ist ein Schimpfwort für so vielen kantigen Ausdruck."

Ich versuchte professionell zu wirken: „Das glaube ich ..."

„Junger Mann. Das hat nichts mit Glauben zu tun. Sie können glauben, das morgen der Westerwelle Kanzler wird und übermorgen die Altersheime geschlossen werden. Aber das hier, das ist Substanz. Das ist wahr gewordener Traum. Das ist Superlative gekreuzt mit Charisma."

„Toyota?"

„T O Y O T A? Nein, keine Ehe. Das ist die Energie der unbezwungenen, jugendlichen Lebenslust. Das wird Sie wieder auf Trab bringen."

„Oooooch' ich dachte schon ..." nur nicht zeigen, dass ich total verfallen bin.

„Junger Mann. Denken können Sie, wenn Sie mal zu Hause die Wäsche bügeln müssen. Hier müssen Sie lediglich Ihren rechten Fuß zähmen, damit der nicht mit Ihnen durchdreht ... äh ... geht."

„Frau ...?" ich versuche sie von mir zu halten.

„Nein, nein ..." sie dreht völlig auf, „Sie brauchen vor so viel Energie keine Angst zu haben. Sie müssen sich nicht mit so alltäglichen Strapazen wie ... Blinken ... Bremsen ... beschäftigen. Man macht Ihnen einfach Platz."

Oh bitte mach weiter: „Naja ..."

„Ja, das ist als würde ein Kindheitstraum in Erfüllung gehen. Kommen Sie, alle Männer wollen als kleine Jungs mal Feuerwehrmann oder Polizist werden! Mit diesem Auto fahren ist wie mit Blaulicht fahren."

„Jetzt muss ..." Fluchtinstinkte klopfen an. Was wenn mich meine Frau so sieht?

„Nein!" Sie lässt nicht locker. Sie weiß es. Sie hat mich! „Müssen müssen Sie bei uns gar nicht. Wir sind nicht so wie die Kollegen der Konkurrenz. Wir geben Ihnen Zeit zum Fühlen. Wollen wir einmal einen Blick in den Motor werfen? Hahaha, kleiner Scherz! Ich meine natürlich unter die Motorhaube."

„Ähm ..." Verloren.

„Kommen Sie hierher. Das ist wie ... pst ... Das ist wie `ner Frau unter den Rock gucken. Jaaaaaaa." Ihr flehendes Stöhnen saugt meinen Verstand auf.

„Also Sie ..."

„Was für eine Sinnlichkeit. Nicht? Diese zarten Kurven des Motorblockes. Diese strammen Keilriemen. Ganz sanft nimmt das Auto Sie gefangen. Wie die verführerischen Flüstertöne ihrer Frau umschlingt es langsam ihre Aufmerksamkeit. Es lässt Sie nicht mehr los."

„Wissen Sie ..." Es soll später niemand sagen, ich hätte es nicht versucht, von ihr weg zu kommen.

„DANN peitscht Sie das donnernde Brüllen des Anlassers an, als hätten Sie den intimsten Punkt dieses Energiebündels getroffen. Der Motor reagiert und beginnt sinnlich zu stöhnen ..."

„Ich kann nicht mehr ..." Gib mir mehr ...

„JA ..... JA .... JA .... Es erfasst Sie und lässt Sie nicht mehr los. Sie müssen sie haben." Du hättest sie sehen müssen! Der Kopf nach hinten geworfen, Ihr Dekolletiere ...

„Ich muss weg ....."

„Ja, steigen Sie ein und lassen Sie sich vollends gehen ..."

„Moment ..."

„Ja und erst wenn Sie das Vibrieren des Wagens auf dem Vordersitz spüren und beim Treten des Gaspedals auf den höchsten Moment zusteuern und dann ... und dann ..."

„Ich ... ich ..." Oh bitte, wo kann ich ...

„Worte sind dann nutzloser Ballast. Sie können nur körperlich erfahren. Vergessen Sie Ihren Verstand. Der wird Ihnen ehedem verloren gehen, wenn Sie auf dem Asphalt mit einer genauso kurvenreichen Frau wie dieses Auto dahinfliegen. Nichts und niemand kann Sie stoppen. Sie sind der Casanova, der die Herzen wie der Sturm erobert."

Ich zerfließe in Ihren Worten. Die Bilder in meinem Kopf erstürmen meine Festung, die in Trümmern schon darnieder liegt.

„Nein!" Schreie ich. Peinlich!

„DOCH! Sie müssen sich nur gehen lassen! Blockieren Sie nicht. Es wird Sie übermannen!"

„Ich suche doch nur meine Frau!"

„Ja, da müssen Sie mit diesem Wunderwerk emotionaler Ausdruckskraft nicht lange suchen. Sie werden sich nicht retten können."

„Meine Frau arbeitet hier!" Noch ein Versuch.

„Ich weiß!" Peng. Schlüssel rumgedreht.

„Wo finde ich sie?"

„Dahinten im Büro - links hinten."

„Danke!" presste ich hervor und trabe schweißgebadet hin fort Sie ging einfach weg, als wäre nichts geschehen und ließ mich emotional zerstört zurück.

Ich hörte noch ihr Flüstern: „Ich liebe es, wenn sie in meinen Händen dahin schmelzen."

Werbepause – Ding –

Donnerstag

(heißt so weil es dann öfter kracht.)
Der Chef seine Boni schwinden sieht.
Und die Ehefrau einen Tag Shoppingpause
einlegen muss.
Und die Ehemänner nunmehr schon das Wort
MIKRÄNE rückwärts buchstabieren
können.

Werbung hilft immer dann,
wenn Sie zu faul zum Denken sind!

Ich fühlte mich als Opfer körperlicher Nähe. Ich beschloss ein wenig den Dienst am Kunden aus der Ferne zu erfüllen. Das war noch zu Zeiten, wo man ungestraft anrufen konnte, wen man wollte.

Es klingelt.
Ding. Ding. Ding.

Angerufene: "Ja?"
Berater: "Guten Abend, Frau A. Ich sollte Sie zurückrufen?"

A.	Wieso? Ne!

B:	Doch, auf meinem Zettel steht I H R E Telefonnummer.

A:	Kann nicht sein!

B:	Aber Frau A. Ich kann lesen. Ich stelle mich erst mal vor. Hoffnung ist mein Name und ich arbeite für die Firma C-Backphone®. Und mein Kollege gab mir den Zettel mit Ihrem Namen. Sie sind doch Frau A?

A:	Ja. Ne, ich ...

B:	Sie heißen nicht A. Aber die Telefonnummer ...?

A:	Doch ...

B:	Doch? Ach wenn Sie A. heißen, dann sollte ich Sie zurückrufen.

A:	Ja, äh ...

B:	Also sehen Sie Frau A, dann stimmt es doch. Wir

können Ihnen nämlich helfen, eine Telefonflatrate zu erlangen, mit der Sie weltweit umsonst nachts von 1 bis 3 telefonieren können.

A: Da schlafe ich ...

B: Aber Sie telefonieren schon gerne?

A: Ja, schon, aber ...

B: Und Sie haben viele Freundinnen, mit denen Sie sich gerne austauschen?

A: Uuuuaaarrrrr...

B: Das klang wie ein JA. Und wenn diese mit Ihrem Handy anrufen und Sie sagen denen: Ich rufe zurück! Wäre das nicht toll ... für Ihre Freundinnen?

A: Vielleicht, die rufen aber nicht nachts um 1 an!

B: Noch nicht! Haben Sie Kinder?

A: Eehhhh!

B: Eeeens. Sehen Sie schläft das Kind nachts um 1?

A: JAAAAAAA!

B: Dann können Sie sich völlig entspannt Ihren Freundinnen widmen und in Ruhe völlig kostenlos aufs Handy anrufen, TOLL was?

... Peep...Peep...Peep

B: Upps. da muss ich neu wählen. Hat wahrscheinlich vor Freude den Hörer fallen lassen.

Ding.Ding.Ding.

A: Ja

B: Wir wurden unterbrochen.

A: Weil ich Ihre Flatrate nicht brauche.

B: Doch!

A: Wieso sollte ich?

B: Weil ist kostenlos und Sie könnten mich dann zurückrufen und ich müsste mir nicht anhören, dass ich nicht anrufen soll.

A: Wo wohnen Sie?

B: Hach, Sie. Aber bitte keinen Heiratsantrag.

A: Nein. Aber ich bringe Sie um, wenn Sie nicht aufhören.

B: Ach Sie, Quatsch!

A: Wer sind Sie denn, dass Sie mir so auf die Nerven gehen dürfen?

B: Na B! Der Sie zurückrufen sollte!

A: SOLLTE GAR NICHT!

B: Ach, das sagen alle, dabei kostet mich das Gespräch keinen CENT.

A: Wieso?

B: Weil ich die Dayflat habe. Da kann ich anrufe, wen ich will und kostet nix. Akquise zum Nulltarif.

A: Bitte. Rufen Sie mich nicht mehr an.

B: Mach ich, wenn Sie die Flat haben, weil dann rufen Sie ja an! Kleiner Tipp. Wenn Sie jemanden nicht leiden können und der ist männlich und Fußballfan, dann rufen Sie mit der Eveningflat um 20.45 Uhr an. Bei der Champions league. was für'n Spass! Geht nur Mit Flat von C! kennen sie einen den Sie nicht leiden können.

A: Ja.

B: Wen denn?

A: SIEEEEEE!

B: Ach, das meinen Sie nicht im Ernst.

A: Doch!

B: Na gut, dann rufe ich jetzt Ihre Mutti an und sag das!

A: Was!

B: Wie Sie sich benehmen!

A: Geht gar nicht.

B: Doch, ihre Mutti hat mir Ihre Telefonnummer gegeben und gesagt, Sie rufen zu selten an und da wäre ne Flat genau richtig. Und dann meinte Sie von 1 bis 3 Nachts müssten Sie auf keinen Fall arbeiten!

A: Sche***e ...

B: Ja, ja, jetzt ist die Kacke am dampfen ...

A: Man ...

B: Nightflat oder doch Flatflat. Schnell!!!

A: Was'n das?

B: Ach interessiert Sie? Das ist die Telefonflat und die Internetflat ...

A: Mutti, du kriegst jetzt was zu hören ...

Dong.

B: Na, da wird sich aber Mutti freuen, dass Töchterchen endlich mal zurückruft! Und unsere Umsätze steigen endlich wieder.

Gute Nacht. Und aufgepasst, wenn's jetzt klingelt, hat einer 'ne Flat.

- Werbung -

Billig. Billig. Billig.
Und schnell!

Bei uns bekommen Sie alles, was Sie nicht machen wollen!
Und das zu besten Konditionen.

Besuchen Sie uns in unserem On-line-shop.
www.turbo-choachies.sm

Sie haben Ärger mit Ihren Mitarbeitern? Die wollen nicht so, wie Sie? Rufen Sie uns: Die TURBO-Coachies! Wir machen das, was sich andere nicht trauen:
–   **Schläge** fördern sofortige kollektive Zusammenarbeit!
–   **STALKING** mindert Klatsch und Tratsch!
–   **Einschüchterungen** erhöhen sofortig die Produktivität!

Unsere Methoden sind einzigartig und wirken Schnell!

Rufen Sie an: 0999/44533
oder einfach auf dem Handy: **0XYZ/HILFE** eintippen!

Haptisch verkaufen!

Ist der Sender oder der Empfänger schuldig, wenn es wieder mal nicht funkt. Wenn der verkäuferische Ausguss zum Rohrkrepierer wird und möglicherweise, weil noch kräftig nachgedönst wird, sprichtwörtlich nach hinten los geht. Eín köstliches ;-) Bild. Die Colourierung können Sie vornehmen, Hauptsache es ist ein Braunton.

Da sind wir wieder bei der Visualisierung. Was sieht er, was weiß er? NLP oder LRS? Welche Technik hebelt den vernunftgesteuerten Kundengeist aus und emotionalisiert ihn. Doch zuvor muss sich natürlich der Verkäufer fragen, wohin mit dem halbausgegorenen Unwissen, dass die Kunden belieben hervorzuwürgen, um es dem Verkäufer entsprechend der vielen Schulungen recht schwer zu machen?

Und wirkt das ganze Fachchinesich nicht, dann hilft noch die Preisleiter. Versprich einen unmöglichen Rabatt und verwirr die Leute, denn der erste Grundsatz in SoMe lautet:"Komm mit den Leuten ins Gespräch!"
"Was will er nur, der Herr König Kunde I. Alles geschieht nach seinem Belieben solange es nach unseren Sortiment läuft. Ab einem bestimmten Punkt muss jeder Kompromisse schliessen. Man kann ja nicht alles bekommen; es sei denn man ist Millionär. Dann natürlich ... Doch bis dahin ist natürlich der Empfänger zu richten, denn ihm obliegt es sich an der Mär des Verkäufärs zu unterhalten. Apropos ein Fest soll es sein, ein Event. Wie das berühmte Ei: Spannung, Spiel und Naschen: Ganz der haptische Verkauf. Alle Sinne einbeziehen."

Verkäufer: "Möchten Sie mal riechen?"
Kunde I.: "Öhm, nö!"

Verkäufer: "Wenigstens anfassen!"
Kunde I.: "Nöööö!!!!"

Verkäufer: "Aber zumindest mal dran lecken?"
Kunde I.: "Nö! Nö! Nö!"

Verkäufer: "Man. ;,-(So ne schöne CD. Voller sinnlicher Software. Mit Siechtumgarantie. Und Sie wollen keinen Kontakt aufnehmen. Ich gönns

Ihnen, bevor Sie 98,- € berappen müssen."
Kunde I.: "NÖÖÖÖÖÖ!"

Verkäufer: "Ich verrat Ihnen was. Pss. Kommen Sie mal ein bißchen näher an den Bildschirm. Sonst kann das jeder lesen. Tss. Die CD ist das ultimative Ding. Der absolute Hype. Der Cracker. Die CD werden Sie sich um den Hals hängen müssen, damit Sie Ihnen keiner wegschnappt. Echt! Wollen Sie nicht wenigstens mal sssseeeehhhheeeeennnn."
Kunde I (Stampf): "Nö!"

Verkäufer: "Sie wollen aber och garnischt! Ahhhhh! Geschenk für die Madam zu Hause! Mir können Sie`s sagen. Sie sind völlig uneigennützig. Charmant. Ein Charviarleur. Wollen Sie wissen, wie Ihre Frau den größten Nutzen aus dem Ding- ähhh - CD ziehen kann? Sagen Sie nichts!!! Sie verpacken das ganze als Geschenk - Service von mir, mach ich Ihnen - dann einen Strauß Blumen dazu - Service von mir aus meinem Netzwerk - und abends am Tisch im Kerzenlicht Päckchen vor holen. Und dann sagen Sie: Hier da kannste mal lernen, wie man richtig kocht! Haaaaa hahahgaga hahah. Ppppppppsstttt. Ich schmeiß mich ..."
Kunde I.: "nönöNöNöNÖÖÖÖÖÖÖÖÖÖÖÖÖÖÖÖÖÖÖÖÖ!"

Verkäufer: "Recht hamse. Gut. Also sagen mir mal ich schenke Ihnen ein eBook, damit können Sie dann das alles, was ich hier erzählt habe, nachlesen. Schwarz auf Grau. Und wenn Sie sich noch schnell beeilen, kostet das auch nüscht. Kommen Sie, wer wird denn was kostenloses ausschlagen. Das wäre doch blöd, oder sind Sie einer von denen die gegen alles verschlossen sind?"
Kunde I.: "Nönönönö."

Verkäufer: "Dacht ich mir, so sehen Sie nämlich auch nicht aus. Also eMail-Addresse?"
Kunde I.: ""Nönönönö -ächzt- Nönönö."

Verkäufer: "Na Sie sind konsequent. Zwei-Silben-Tony. Also nö@nö.de. Erinnert mich irgendwie an ein Märchen. Da hieß der eine aber Niemand. So im Spaß. Gut. Schick ich Ihnen. Ping. So das eBook haben Sie schon mal. Jetzt müssen Sie nur noch sagen, ob Sie 98,- € oder 9,95 € für ein und die selbe geschmacks-, geruchs- und tastfreie CD ausgeben möchten.
Kunde I: "Nö."

Verkäufer: "Geht doch. Also 9,95. CD ohne Inhalt. Inhalt gibt es dann mit dem upgrade. Nicht traurig sein, die CD ist auch schön. Prima, das es noch geklappt hat. Sie können stolz auf sich sein. Mal sehen, was Ihre Freunde sagen. Rufen Sie mich an, wenn Ihre Freunde ebenfalls diese CD möchten. Ja?"

Kunde I.: "Nö!!!!!!!!!!!!"

Verkäufer: "Nicht weiter schlimm. Es gibt ja Sozialmedien.Da find ich sie alle. Bis denne."

Kunde I.: "Nö. Ar****och."

Woran lag der Erfolg des Verkäufers? An seiner blühenden Phantasie, denke ich. Oder an den richtigen Fragen und der Interpretation der Antworten. Sie werden es herausfinden. Erwerben Sie diese unscheinbare CD mit dem "Weg zum richtigen Lernen" mit einem Ausflug in die Sphären übernatürlicher Lernkompetenz und der trunkenmachenden Konsequenz, dass Sie hier falsch sind, wenn Sie beschlossen haben, nichts mehr zu lernen.

Das Verkäuferrätsel der Woche.

Dies ist ein übler Einstellungstest in den Psychodings-Veranstaltungen. Versuchen Sie sich doch einmal, ob Sie alle Fragen beantworten können. (Und JA, Sie dürfen in diese Buch hineinkritzeln, was Sie wollen. Ist ja Ihres. Es sei denn Sie haben es von einem/r KollegIN/en, weil Sie zu wenig umgesetzt haben und sich dieses Werk nicht leisten konnten. Dann benutzen Sie bitte die Rückseite! Und trinken Sie dabei nicht schon wieder Kaffee!)

Frage 1: Mal angenommen Sie könnten von heute auf morgen Ihren Umsatz verdoppeln, würden Sie es tun?
a) Habe ich schon
b) Kein Interesse (*unmögl.*)
c) Das glaube ich Ihnen nicht
d) Ich melde mich wieder

Frage 2: Stellen Sie sich vor, Ihr Chef würde morgen abdanken, würden Sie seinen Platz übernehmen?
a) Nein, auf so einem alten Stuhl würde ich nicht sitzen wollen
b) Nein, ich will nicht so alt aussehen, wie der ist
c) Nein, ich brauche meinen geregelten Feierabend
d) Ja, aber mein Chef ist eine Chefin, kann mich nicht ausstehen und ich habe schon ein Verhältnis

Frage 3: Wenn Sie an Ihre mieseste/n Kollegin oder Kollegen denken, was würden Sie denen wünschen, wenn diese damit Erfolg hätten und Sie gleichzeitig davon profitieren würden?
a) Die Pest wünsche ich …

b) Ich verzichte auf den Erfolg

c) Nur das Beste, vor allem schwere Thrombosen und so ...

d) Das schafft die eh nicht, danach die Kündigung

Frage 4: Wie viel Geld würden Sie Ihrer ärgsten Kollegin oder Kollegen gönnen, wenn Sie genau die Hälfte einer Gehaltserhöhung bekämen?

a) Ich würde ihm 1.000,- € abziehen (GENAU, soll für sein Geld gefälligst arbeiten)

b) MOBBING!

c) Ich würde auf meine Gehaltserhöhung verzichten

d) 1 Million Euro (und dann wegen Unterschlagung anzeigen)

Letzte Frage: Wie viel mehr Umsatz würden Sie erzielen, wenn Sie richtig verkaufen lernen würden?

a) Gar nicht mehr – ich arbeite nicht auf Provision

b) Ich nehme das olympisch: Dabei sein ist alles!

c) Was ist „verkaufen"?

d) Also wenn ich das Geschwafel schon wieder höre. Das klingt ja wie auf dem letzten Seminar. „Du darfst nicht sagen: Wenn Sie nicht wollen, bitte ich Sie den angewärmten Stuhl zu räumen. Wir sind keine Bahnhofsmission!"

Hier die Auswertung des Assles.. Asselesessment Zenenters … Tests.

Zählen Sie die Punkte zusammen.

Frage	Punkte			
	A	B	C	D
1	5	4	2	-1
2	0	2	1	9
3	7	2	0	3
4	11	1	15	10
Letzte	3	2	1	RAUS!

(Na zurückgescrollt, welche Antwort so viele Punkte bringen kann?)

Hier das Ergebnis:

0 Punkte: Sicherlich stehen Sie ganz am Anfang Ihrer Karriere. Oder am Ende. Jedenfalls würde es mich wundern, wenn Sie noch lange Ihren Job haben. Ich empfehle Ihnen einen Blick in mein Grundlagenbuch[1]: „Stoische Verkäufer. Wie ich Depp es mach, das es keiner merkt." zu werfen. Äh' kaufen. ISBN: 00 00 10 01 00 10 1

1 – 9 Punkte: Verkauf ist nicht gerade Ihre Stärke, wie? Ihre Antworten waren wahrscheinlich: B, C, B, C, B. Das hier ist eine ernste Angelegenheit. Denn in diesen Test ist ein Trojaner eingebaut. Dieser funkt das Ergebnis an Ihren Chef. Und der weiß schon lange, dass Sie ein Angepasster sind. Ein Drückeberger. Ein Intrigant. Ja. Ihre Augenbewegungen haben Sie verraten.

10 – 39 Punkte: Nun, entweder Sie haben getrickst wie bei Ihrem letzten Verkaufsabschluss und haben sich ungeniert Vorteile verschafft oder Sie sind tatsächlich ein so ausgebuffter Kerl (oder Frau), dass Sie alle um den Finger wickeln. Ihr Potential: Sie werden sie alle platt machen!

Mehr als 40 Punkte: Witzbold. So wie Sie beim Wochenbericht schummeln, so haben Sie hier alles so lange hin und her gebogen, bis es zu Ihrer krummen Pinocchionase passte!

Ärgern Sie sich nicht. Jeder glaubt, er ist der Beste.

Freitag

Grundsätzlich steht Ihnen als Verkäufer **k e i n**

freier Tag zu. Sie haben dafür zu sorgen,

dass Sie rund um die Uhr erreichbar sind.

UND   V E R K A U F E N !!!!

Es gibt 100e Möglichkeiten erfolgreich zu sein.

Und nur EINE nicht:

Hier 'rum zu sitzen und zu lesen!

Ja Freitags, da lässt man meistens Revue passieren. Bei Vertretern scheint es die Kategorie Witz gar nicht zu geben. Ja, egal welchen ich bisher erzählt habe, immer kam innerhalb kurzer Zeit ein: "Hey Fränky. Ich kenne jemanden, der hat das erlebt. Soll ich dir 'n Interview verschaffen."

Das beginnt in einem Rhetorikseminar. Da war ich, weil da alle hin sollten. Just am Anfang legte der Leiter eine Folie nach der anderen auf und las davon ab. Da rief einer aus der Runde: "Entschuldigung, können Sie auch frei sprechen?" Die Antwort? "Nö. Es gibt zu viele, die können nicht schnell genug lesen." Da frage ich mich, wo unsere Zunft langsam hin kommt. Am liebsten werden ja im Verkaufsgespräch irgend welche haptischen Folien genutzt. Wo ich das das erste Mal hörte, dachte ich mir: "Haptisch? Folien mit Profil? 3D?" ... bis ich irgendwo gelesen habe, dass das was mit anfassen zu tun hat. ANFASSEN? KUNDEN?. S'klatscht glei'. Also nicht bloß hören, wenn der Verkäufer seinen Vortrag runterrasselt, sondern mitmachen lassen - "ANFASSEN LASSEN"[2] - sagen die Coachies. Also Leute, langsam mache ich mir über den Verkäuferberuf echt Gedanken ...

Es gibt zusätzlich noch rhetorische Fallstricke, da haut es dir die Füße weg, wenn du nicht sitzt. In einem Meeting hatte Eine gefragt: "Darf ich denn noch fragen, ob mein Kunde gleich will? Ist das nicht schön Nötigung?" Isses! Aber es war ja keiner dabei; hoffe ich. Und wenn im Hotel ein Zimmer ….

Dann gibt es im Alltag diese Situationen. Sie wissen schon. Da wo man im Boden versinken will. Neulich bei einem dieser Fastfoodketten. Vor uns ein Paar älterer Leute. Er fiespelt leise: " Zwei Bürser bitte. Abo niss so hard." Ruft die Bedienung laut nach hinten: "Zwei MakPürree." Ja, weißt doch gleich die ganze Welt, wer was bestellt hat. Da will man sich was gönnen und wird dann bloß gestellt.

So mir begegnet in der Drogerie. Ich stand in der Schlange und eine gute Weile vor mir - die Kassiererin war nicht so flott - fragte ein junger Mann etwas leise. Die Verkäuferin hatte eine derbe, fast männliche Stimme und sagte schön laut, das es der Achtletzte (Ich) in der Reihe auch noch hört: "Ne, junger Mann, XXS-Kondome sind leider aus! Aber Fingerhüte hätten wir noch."

Das sind Erlebnisse. Da kannst du froh sein, wenn du das nicht bist. Der Held sein, ja das ist eine dankbare Aufgabe. Das will jeder. Aber so tief unter Strom gesetzt werden, das der Kopf tiefrot anläuft, damit will keiner was zu tun haben. Selbst da, wo man sagen könnte, dass die Hartgesottenen sich keines Problems bewusst werden, sind die Tiefschläge der Verkaufsmaschine unbezwingbar. Eine tolle Verkaufsmasche wäre doch, wenn man zum Beispiel ein Handy mit einem Defekt (sogenanntes Handycap) herstellen würde. Sagen wir einmal die Taste Nr. "2" funktioniert nicht. Dann baue man einen Telefonservice auf (natürlich teuer) mit einem elektronischen Frage-Antwort-Spiel.

Service: "Herzlich Willkommen bei Service Handyfekt.
             Möchten Sie eine Auskunft zu den tollen
             Services und Leistungen Ihres Handys,
             insbesondere den neuen Features, die Sie
             nachkaufen können -drücken Sie bitte die 1.

	Möchten Sie einen Schaden an Ihrem Handy melden, drücken Sie bitte die 2. Sie wünschen ein persönliches Gespräch, drücken Sie bitte die 9."
Kunde:	"Haha. Die 2. Ich nehme das persönliche Gespräch. Neeeuun. Klack."
Service:	"Bitte warten Sie einen Moment. Der nächste Gesprächspartner ist sofort für Sie da. Übrigens, wenn Sie auch das neue Systemproblem betrifft, das die Funktionsunfähigkeit der Taste ... *Klack. Klack.* Guten Tag und herzlich willkommen bei Handyfekt. Karl Wunder mein Name."
Kunde:	"Äh' ja. Ich habe gerade noch eine Ansage gehört, die dreht sich um den Defekt der Taste 2.; da waren Sie in der Leitung."
Service:	"Da kann ich Ihnen nicht helfen. ich bin für den Verkauf der neuen Features zuständig. Aber ich versuche Sie zum technischen Dienst zu verbinden …"
Kunde:	"Ja, wart... en ... man wenn die nur mal so schnell im Lösen der Probleme wären, wie die hier verbinden."
Service:	"Herzlich Willkommen beim technischen Service. Wenn Sie Nachrüstungen für Ihr Handy kaufen wollen, so zum Beispiel unsere neuen Apps für alle Dinge des täglichen Lebens, drücken Sie bitte die 1. Haben Sie einen technischen Fehler an Ihrem Gerät zu melden, drücken Sie bitte die 2."
Kunde:	"Zwei. zwei.Zwei. Hörst du. Ihr Idioten."

Service:	"Tut mir leid ich konnte ihre Eingabe nicht erkennen. Bitte wiederholen Sie ihre Eingabe."
Kunde:	"Geht nicht. Weil ist kaputt. ZWEEIIIIII! Hört mich denn keiner?"
Service:	"Leider können wir ihre Eingabe nicht identifizieren. Bitte versuchen Sie es noch einmal. Ansonsten müssten wir Sie mit dem technischen Dienst verbinden. Sie würden dann mit einem persönlichen Berater unseres Hauses verbunden."
Kunde:	"Ja! Ja! Ja! Tu es! Mach`s mir! Zwei. Zwei. Zwei."
Service:	"Sie werden verbunden. Bitte warten Sie. … …*Klack...* Guten Tag, Mein Name ist Karl Wunder. Was kann ich..."
Kunde:	" Nicht schon wieder. Bitte, ich will nur meinen Schaden melden und dann wissen, ob ich das Handy zu Ihnen schicken muss oder nicht."
Service:	"Was ist denn defekt?"
Kunde:	"Die Taste ZWEI."
Service:	"Das ist ärgerlich. Ich könnte Ihnen nur auf die Schnelle ein Softwareupdate anbieten. Das würde das Problem beheben. Sie können natürlich auch das Telefon herschicken."
Kunde:	„Was kostet das Update?"
Service:	"Da haben wir ein Aktionsangebot. 19,90 €"
Kunde:	"Nehme ich!"
Service:	"Okay, ich verbinde Sie in die Bestellabteilung."
Kunde:	"Können Sie das nicht machen?"
Service:	"Nein, ich beantworte nur die Fragen zu den

	Details. Die Bestellung nimmt jemand anderes auf. Ich verbinde!"
Kunde:	"Wenn es denn sein muss..."
Service:	"Herzlich Willkommen im Bestellservice. Wenn Sie noch Fragen zu Details zu unseren Produkten haben, dann drücken Sie bitte die EINS. Wohlen Sie direkt bestellen, drücken Sie bitte die ZWEI."
Kunde:	"Leck mich..."
Service:	"Tut uns leid, dieser Dienst ist nicht verfügbar. Bitte prüfen Sie Ihre Ein..."

PENG!

Ja, der Teufel steckt im Detail. Aber keine Angst, es gibt auch noch Patrioten. Selten, aber es gibt Sie.

Freitags sagt man gewöhnlich, ist der Tag der Vertreter – Verkäufer meine ich natürlich. Da schwirren diese aus wie die Bienen, denn nach EINS macht jeder Seins.

Vielleicht sind Sie einer dieser fleißigen Bienchen und können sich in der nachfolgenden wahren Begebenheit wieder entdecken. Aber keine Angst, ich kenne Sie nicht. Jedenfalls nicht persönlich. Ich wüsste zwar einiges von Ihnen zu erzählen, aber das wäre ein anderes Buch. Eins mit sieben Siegeln wahrscheinlich. Und würde man es öffnen, es gliche haargenau der Büchse der Pandora. Unser Paradebeispiel missverstandener Seminarschulungen hatte gehört, er solle sein Angebot haptisch vortragen. Also eine Show inszenieren.

Es war dunkel wie die Nacht und Familie Sorglos saß am Freitag Abend gemütlich bei einem Glas Wein und dem vierten Bier – er natürlich – in Ihrem wohl gepflegten Garten beieinander. Er sponn sich schon eine heiße, wilde Nacht zusammen; sie döste bei Ihrer Abendlektüre – die Superstars und Sternchen Zeitschrift – dahin. Plötzlich krachte es, als wäre ihr schwergewichtiger Sohn aus dem dritten Stock des Hauses auf den Wintergarten geknallt.

Herr Sorglos stürzte auf, seine Augen blinzelten leicht trunken in die Nacht und dann fädelte er schon voran stürzend in seine Hausschuhe hinein, nahm den halben Tisch mitsamt aller Getränke mit. Er vernahm noch den Schrei seiner Frau, doch schon stürmte er durch die Verandatür ins Wohnzimmer, verpasste sich am Esstisch einen hübschen Pferdekuss am linken Oberschenkel, bevor er in den Flur humpelte. Da erblickte er die Bescherung. Ihm war wie Weihnachten – nur nicht zum Lachen. (*Nicht zum LACHEN habe ich gesagt – geschrieben!*) Seine Haustür lag flach auf dem Boden nach Innen im Flur. Eine Figur stand grinsend im Rahmen, als hätte der Schreiner beim Bau des Hauses etwas vergessen. Und der macht sich darüber lustig.

Verkäufer: „Sehen Sie, Sie haben ein Problem mit der Sicherheit."

Kunde: „Au Backe …"

V: „Ja, so könnte man das auch bezeichnen."

K: „Wie … ?"

V: „Kein Problem. Dank eines guten Beintrainings vermögen solche Türen nicht zu widerstehen."

K: „Die Tür …!"

V: „Ja, wegen der Tür bin ich da. Martin Hoffnung von der Tür, Portale und Choral GmbH."

K: „Sie können doch nicht einfach meine Tür eintreten!"

V: „Seien Sie froh, dass ich das war."

K: „Wieso?"

V: „Na stellen Sie sich mal vor es wäre noch etwas dunkler und ich wäre nicht Vertreter sondern ein Bösewicht, der sich einen Kehricht um Ihre Tür kümmert, sondern ganz andere Sachen von Ihnen will."

K: „Von mir?"

V: „Recht so! Von Ihnen und von Ihrer Frau. Noch übler würde das ja werden, wenn Sie mal nicht zugegen sind und Ihre Frau ist ganz allein und schutzlos. Und das bei so `ner BILLIGEN Tür."

K: „Ja, aber dann hätten Sie doch auch klingeln …"

V: „Neee!"

K: „Wieso neeee?"

V: „Na ein Einbrecher klingelt auch nicht vorher an. Außer …Ja eine Frau kenne ich, die würde Sie als Einbrecherin vorher anrufen."

K: „Warum?"

V: „Na diese Kundin hat eine Flat. Kostet Sie keinen Cent, wenn Sie nachts zwischen 1 und 3 Uhr anruft."

K: „Da schlafe ich doch und will nicht telefonieren."

V: „Herr Ohnetür, Sie haben mit dem Quatsch angefangen, dass Einbrecher vorher anrufen, ehe Sie bei Ihnen einbrechen. Und meistens kommen Einbrecher nachts. Wo Sie dass jetzt allerdings sagen … Wenn Sie sich nicht mehr ganz sicher fühlen und Sie jetzt bei jedem Knacksen lieber eine Flatline zur Polizei hätten, dann könnte ich noch die Night- and Dayflat anbieten. Kostenlos die Polizei anrufen, so oft Sie wollen. Sozusagen der Ein – Partner – Vertrag. Sie wählen eine Telefonnummer aus und den können Sie anrufen, soft Sie wollen. Sogar 'ne Standleitung ist drin!"

K: „Ich brauche aber keinen Telefonvertrag."

V: „Das ist gut."

K: „Warum?"

V: „Na ja, ich mache dass schon einige Zeit nicht mehr und hätte dafür keinen Vertrag mit. Außerdem mache ich jetzt Haustürgeschäfte."

K: „Und wo liegt da jetzt der Unterschied?"

V: „Das es mir um Ihre Tür geht und nicht um Ihre Telefongewohnheiten. Ihre Tür ist ja offensichtlich kaputt."

K: „ … Und Sie werden die bezahlen."

V: „Na Sie sind ja schnell!"

K: „Warum denn dass …"

V: „Na Sie kennen den Preis noch nicht mal für die Neue, aber verhandeln schon den Rabatt."

K: „Rabatt?"

V: „Na, wenn Sie dann eine neue Tür von der Firma TPC – Slogan 'Mit uns will keiner was zu tun haben' Slogan Ende – kaufen, dann können wir ja eine Eintritt-Prämie gewähren. Es sei denn, Sie behalten Ihre Alte … – gnädige Frau, guten Abend."

K: „MEINE ALTE …?" – *grimmig* –

V: „… Tür, meine ich. Welche Farbe sollte denn Ihre Tür haben?"

K: „Farbe ? … Na so wie meine Alte halt."

V: „?"

K: „TÜÜÜR!"

V: „Wissen Sie, ich hätte eine ganz tolle Sache für Sie … Wollen Sie in Zukunft Ruhe haben, so vor lästigen Vertretern?"

K: „Und wie?"

V: „Als erstes hätte ich das ‚Bordellrot'. Das signalisiert ein etwas unanständiges Haus und da trauen sich die Wenigsten. Dann haben wir noch das Modell ‚Grüß Gott – Tritt ein' … ähm nein, dass ist für die Action-Verliebten. Ach hier, das ist das richtige: Modell ‚Fackel nicht lang – rufe vorher an" und dann machen wir eine 0900 – Nummer, dann verdienen Sie noch Geld mit... Yippieh', dass ist das Richtige."

K: „Und was kostet dass?"

V: „Haben Sie eine Grundschuld auf Ihrem Haus?"

K: „Ne, wieso?"

V: „Na die werden Sie dann brauchen … Kostet nur 79 Cent … pro Quadratzentimeter."

K: „79 Cent?"

V: „Na dass ist doch mal ein Preis."

K: „Alles zusammen?!"

V: „Aber werter Herr, wir wollen es mal nicht übertreiben. Hinzu kämen Eintrittgebühr von jährlich 169,90 €. Dafür haben Sie jederzeit einmal jährlich das Recht, die Sicherheit Ihrer Tür von mir prüfen zu lassen. Dann …"

K: „Wie lange ist die Gebühr fällig?"

V: „Solange die Tür hält. Und ich sage Ihnen, die hält ewig, außer die ‚Grüß …' "

K: „Sonst noch was?"

V: „Anliefer- und Einbaukosten sowie Nachservicegebühr."

K: „Wie viel ?"

V: „10% der Gesamtkosten berechnet auf 10 Jahresbasis."

K: „Raus hier!"

V: „Ich glaube, ich finde den Weg."

K: „Und schicken Sie mir jemanden, der meine Tür ganz macht."

V: „Wollen Sie dann wenigstens unser Sicherheitstestpaket für 169,90 €."

K: „Neeeeiiiinnnnn!"

V: „Aber wenigstens unseren Newsletter. Indem stehen unsere neuesten Auftritte. Manchmal echt lustig! Kost' nix!"

K: „Von mir gibt es gleich kostenlose …"

V: - *sagt zu sich selbst* - ‚Nix wie weg hier. Da hinten kommen auch schon Zweie, denen ich die Tür vor `ner halben Stunde eingetreten habe …'

- Werbeanzeige -

Sie wollen endlich wieder Ruhe? Keine langen, nervtötenden Anrufe mehr? Oder wenigstens dafür eine Entschädigung?

…..................... !

Jetzt mit der neuen Verbraucher 0999 – Nummer. Damit verlieren lästige Anrufe Ihren Schrecken. Freuen Sie sich endlich wieder aufs Telefonieren. Ob nervige Telefonverkäufer oder Umfragen. Oder auch Verwande und Bekannte, die einfach kein Ende finden.

Jetzt bis zu 1,98 € pro Minute (Takt 1/180) bei jedem Anruf kassieren. Erfüll` dir deine Wünsche!*

BACKCENT. Die clevere Telefonverbindung.

Grundgebühr 49,90 € pro Monat. Die eingehenden Telefonate werden Taktgenau nach Sekundentakt abgerechnet. Dabei wird pro Sekunde 3,3 Cent bei jedem eingehenden Anruf gutgeschrieben. Vertragslaufzeit 24 Jahre. Wird im Ablebensfall des Vertragspartners auf den Erben übertragen. Auslösung aus dem Vertrag 12.500,- € Abstandszahlung. Bestellung unter 0900 9988776655. © Backcent Ltd. 2014.

Sonnabend

?
Showtime ;-)))

Nur die Doofen wissen nichts

von der Welt!

Aber gute Musik machen die!

Nöööö.

So ist gewöhnlich die Einstellung der Verkäufer wenn es um Seminare geht.

Fortbildung? Nur gegen Bezahlung. Außerdem haben wir das schon immer so gemacht. Und es funktioniert noch. Die Umsätze stagnieren zwar; aber besser wie rückläufig. Und notfalls stehen wir wieder einmal aktiv auf den Füßen unserer Kunden 'rum, bis es denen schmerzt.

Die Klugen (wer will schon dumm sein?) unter den Verkäufern wissen aber, dass alles seine Verfallszeit hat. Nicht nach dem Inhalt; jedoch nach der Anwendung.

Neue Technik muss erlernt werden. Die Kunden ändern ihr Verhalten – JAAAA (!) soll es geben. Diese verflüchtigen sich förmlich.

Darum gibt es das Seminar „Brechreiz – wie Sie den Kunden dazu bringen, freiwillig immer an Sie zu denken!"

Seminare sollen dem Verkäufer ja befähigen, noch mehr Umsatz zu machen. Doch wo soll es herkommen? Natürlich von der Konkurrenz.

Wie können Sie also den Kunden dazu bringen, dass er an sie denkt? In unserem Seminar lernen Sie die Techniken des sich in die Köpfe des Kunden katapultierens. Damit Sie eine Vorstellung davon bekommen, hier ein Beispiel.

Sie müssen als erstes die Aufmerksamkeit des Kunden erlangen. Dafür müssen Sie Emotionen ansprechen. Am Besten geht immer die Angst. Sie könnten dem Kunden einen Brief schicken. Darin ein Zettel mit aufgeklebten Buchstaben:

WiR BEOB*A*CHT*E*N s*I*E*!*

Damit haben Sie die erste Hürde geschafft. Ihr zukünftiger Kunde denkt mehr oder weniger häufig an Sie, ohne das er Sie schon kennt. Sie benötigen jetzt psychologische Verstärker. Kunden beurteilen Ihre Handlungen nach Handlungstreibern, die sie individuell definieren. Beispielsweise wiegen Verluste mehr als Gewinne. Oder 25% mehr als 5 Euro, auch wenn 25% genau 5 €uro sind.

Beginnen Sie jetzt im zweiten Schritt damit, dem Kunden systematisch etwas wegzunehmen, ohne dass Sie eine Lösung anbieten, wie dies aufzuhalten wäre. Damit Sie nicht mit dem Gesetz in Konflikt kommen, nehmen Sie etwas, was nicht nachweisbar ist. Zum Beispiel: den Schlaf rauben. Oder den letzten Nerv (wo auch immer der liegt!).

Rufen Sie nachts mal an: „Telefonservice. Wir checken gerade Ihre Leitung. Scheint zu funktionieren!" Uffleeesche! Als nächstes könnten Sie mal versuchen, Werbung von der Konkurrenz zu versenden. Aber nicht nur einmal monatlich. Sondern täglich! Und nicht mit dem Thema, dass Sie gerne anbringen wollen. Irgendwas banales. Slipeinlagen für Männer. Pillen bei Erek... Ne' verwerfen.

Dann können Sie den Kunden ab und zu beobachten. Es kommt hierbei darauf an, den physologischen Auftritt zu beurteilen. Gangart. Gesichtsausdruck. Typische Handlungen bei Verfolgungswahn. Gesichtsfarbe.

Jetzt folgt die sensibelste Phase. Nun müssen Sie sich ja als rettender Engel in Szene setzen. Sind Sie ein multitalentierter Handelsvertreter; da haben Sie genug Auswahl. Schicken Sie ein Kärtchen. Z.B.

Bei Telefonbelästigung – backcent. Die clevere Verdienstchance.

Nun heißt es warten, denn das schlimmste was Sie tun können, ist den Kunden bedrängen. Er kommt von alleine. Wenn nicht, dann noch einmal ein klitzekleinwenig nachhelfen. Eine letzte Aktion. Briefkasten vollstopfen. 100 SMS schicken. Ins Bordell einladen. Adressiert an die Frau!

Wir freuen uns Ihnen heute ein ganz besonderes Angebot machen zu können. Da Ihnen Ihr letzter Bordellbesuch so gefiel hier das MEGA-Angebot: Nimm Zwei – zahle Eine!

Glauben Sie mir; es wirkt. Als Anwalt hätten Sie volle Auftragsbücher. Als Wohnungsmakler beste Chance – jedoch nur wenn die Frau auszieht! Und als Inkassobüro für zukünftige Allimente erst …

Sie sehen, eine gut geplante Werbekampagne kann einen Response von über 100% haben. Inklusive Empfehlungen. Wie Sie lernen, diese Kampagnen nach dem SOG-Prinzip aufzubauen, lernen Sie in unserem Seminar kennen:

--- Wieder ein kleiner Werbespot (irgendwie müssen wir ja Geld verdienen) ---

Brechreiz –
wie Sie den Kunden
dazu bringen,
freiwillig immer
an Sie zu denken!

Das ultimative Verkaufsseminar für die erfolgreiche/n Top-Seller/~in von Morgen. Melden Sie sich noch heute an:

Name _____

Vorname _____

Geburtsdatum _____

Name der Schwiegermutter _____

Telefonnummer _____ / _____ *

mehr brauchen wir nicht! Wenn Sie zahlungssäumig sind – wir finden Sie schon.

Ihre Anmeldung ist verbindlich. Ein Rücktritt ist nur unter Ausschluss der Öffentlichkeit möglich. Dieser muss telefonisch erfolgen und wird für Schulungszwecke gespeichert, sowie an die Geheimdienste Amerikas sowie diverser anderer verbündeter Länder weiterverkauft.

Datum _____

Unterschrift _____

Klick mal wieder

Manchmal bekomme ich richtig geniale Einfälle. Da hatte ich mich so durch das öde Fernsehprogramm gezappt und …. BING! … Da war sie. Nicht die Suchmaschine. Die ultimative Gelddruckmaschine. Das Powerding mit multipotenzmilliarden Umsatzvolumen.

TSFO. Telesales Fernsehen für Organhandel.

Was für`n Spaß. Also das Drehbuch ist schnell geschrieben. Wichtig ist natürlich, das eine prominente Persönlichkeit das an die Frau und den Mann bringt. Und nicht zu vergessen:

Publicity. Werbung für den neuen Sender ist das A und O.

Einen Slogan haben wir auch schnell gefunden.

„Arm und Ohr – Geld davor!"

Die erste Sendung war der richtige Renner. Danach hatten wir richtigen Auflauf. Soviel Besuch hatte ich lange nicht. Staatsanwalt, Polizei und Behörden, deren Namen ich vorher gar nicht kannte. Doch der Reihe nach.

Der Regisseur – ein Unikat von einem Kerl, grobschlächtig aber wortgewandt – eröffnete die erste Szene:

„Du Penner mit der Klappe. Mach. Erste Szene!"

Unser Moderator war sofort in seinem Element:

„Herzlich Willkommen liebe Organspender und ~empfänger. Ich begrüße Sie zur ersten Sendung des Tages unserer neuen Organspendersendung. Lassen Sie uns gleich beginnen. Wir suchen heute eine ganze Menge von Organen. Als erstes wäre da eine Leber. Kross gebraten wäre sie sicherlich lecker, aber wir benötigen sie für einen wohlgenährten 80-jährigen

Unternehmer, der mitten im Leben steht. Seine Hobbys erstrecken sich dabei vom Genuss sündhaft teuren Weinen und Champus. Seine Reisefreude erstreckt sich auf die nördliche Hemisphäre und umfasst mehrere hundert Tage pro Jahr. Für diesen A-Resusaffen-Negativ suchen wir eine attraktive Leber. Insbesondere sollte diese noch Jung an Jahren sein und kaum Verbrauchsspuren aufweisen.

Wenn Sie eine solche Leber abzugeben haben, rufen Sie unsere Hotline an unter 0987-654321-0. Mindeszahlung: 50.000,- €. Alles Verhandlungsbasis.

Dann starten wir mit unseren heutigen Angeboten.

Nieren von 20jährigen jungen und dynamischen Motorradfahrer. Sein Fahrstil war aufopferungsvoll. Ein bewegtes Leben hat seinen Abschluss gefunden. Sollten Sie Ihrem Leben ein wenig mehr Pepp geben wollen und Ihre Nieren gerade nicht mehr so können, dann ist das genau das Richtige für Sie. Selbstverständlich alles geprüfte erstklassige Ware. Mindestgebot: 50.000,00 €. Ihre Gebote teilen Sie uns bitte über die Telefonnummer: 0987-654321-1 mit.

Unser zweites Organ sind ein paar Hodensäcke. Gleicher Mandant. Aus seinem Leistungsbericht ist zu erkennen, dass er 11 wilde Kinder gezeugt hat. Es ist anzunehmen, das weitere Kinder drin sind. Wir müssen Sie jedoch warnen. Alles nur Maadel's geworden. Insofern besteht eine Leistungsein-schränkung. Sie können mit diesem Erwerb Ihr Bettleben wieder auf eine einzigartige Art und Weise auffrischen. Es gibt bei diesem Angebot damit ein geringeres Mindestgebot: 15.000,00 €. Ihr Angebot richten Sie bitte an die Telefonnummer: 0987-654321-ZWO.

Unser letztes Organ ist heute das Gehirn eines Versicherungsvertreters. Es ist auf eine besondere Art ein einzigartiges Exemplar. Sanftmut ist ihm ein Fremdwort gewesen. Kunden waren für ihn stets Beutegut. Sein draufgängerisches Wesen hatte so viel Überzeugungskraft, dass er die letzte Beratung durch den Gebrauch des vorzeitigen Ablebens frühzeitig beenden musste. Unser CT hat auch ergeben, dass seine Zellen auf einen wachen, sexuell nicht abgeneigten Zeitgenossen schließen lassen. Letztlich können wir sagen: Lassen Sie sich überraschen. Es wird Sie begeistern. Nun frisch an. Rufen Sie uns im letzten Gebot unter: 0987-654321-NEUN an. Sie wissen, die Neun ist immer das Besondere. Mit einem besonderen Preis verbunden. Mindestgebot 175.000,- €. Besonders geeignet ist dieses Organ für Senile und Demente oder natürlich für Verwandte oder Ehegatten, wo Sie wegen Erbschaftsfragen eine frühzeitige und schnelle Klärung einer verzwickten Lage herbei führen wollen. Eine Übertragung bisherigen Wissens oder Gesichtserkennung ist ausgeschlossen.

Wir freuen uns auf Ihre rege Teilnahme. Auch heute können Sie wieder etwas gewinnen! Je zehn Mal gibt es Gratis unsere Gutschein-Karte im Wert für 500,- € für unseren Online-Shop. Dort finden Sie für den schnellen Austausch kleine Alltagshelferlein so zum Beispiel Ohrläppchen mit oder ohne Ohrring. Unser Homepage lautet: www.organ24.ooo. Tragen Sie sich gleich ein oder wenn Sie schon angemeldet sind, klicken Sie auf ON. Wenn Sie viele Ärzte kennen, können Sie sich nach oben liken lassen!
Wir danken für Ihre Aufmerksamkeit und wünschen Ihnen viel Glück beim Bieten.

Vor dem Ausgehen hatte ich schnell bemerkt, dass mir noch etwas fehlte. Meine Haare waren non-up-to-date. Also Friseuse suchen. Dachte ich mir so, eigentlich könnte ich gleich noch meine Hände pediküren lassen. Heißt doch so, oder? Ich bin auf dem Weg zur Friseuse, da sehe ich einen Laden. Die hatten eine Werbung dran: „Nägel aller Art und Größe!" Ein guter Tag, dachte ich. Find´ste gleich mal, was du suchst.

Ich rein in den Laden und wundere mich noch, dass es irgendwie aussieht, wie auf'm Baumarkt.

Aber eine freundliche Verkäuferin (was für Ding, denk' ich noch) sprich mich gleich an: „Wie darf ich Ihnen helfen?"

Ich: „Nageln. Äh', ich brauche frische Nägel!"

V: „Kein Problem! Wie groß sollen diese sein?"

I: „Vielleicht 5 cm?"

V: „Oh!? Sie wollen da eher etwas zum Basteln?"

I: „Naja, Flach auf alle Fälle. In Millimeter 5 x 50."

V: „Das ist sehr anspruchsvoll. An welches Material haben Sie gedacht!"

I: „Öhm. Stahl!"

V: „Das müssten wir dann schmieden."

I: „Wie ist der Tragekomfort?"

V: „Naja. Normalerweise in einer Pappschachtel. An was hatten Sie denn gedacht?"

I: „Na sichtbar."

V: „Wenn Sie die Menge tragen können, kein Problem. Sie können diese auch in den Händen tragen!"

I: „Nein. An den Händen!"

V: „Oh. Ich verstehe. Es ist für individuelle Zwecke. Magnetisch sind diese. Und wenn Sie sich einen Magneten um die Hand spannen, ...“

I: „Nein! Direkt auf die Finger drauf!“

V: „Emh ...“

I: „Kann man die nicht kleben?“

V: „Ob das hält? Ja könnte. Bei solch kurzen Nägeln würde ich jedoch ein Bolzenschussgerät empfehlen.“

I: „Uuh. Ist das nicht schmerzhaft?“

V: „Wir haben auch einen Kurs, wie Sie mit einem solchen Gerät umgehen. Es lässt sich jeglicher Schmerz vermeiden!“

I: „Also, ich weiß nicht … Vielleicht doch kleben.“

V: „Was sollen die Nägel denn für ein Gewicht halten?“

I: „Jaaaa, eigentlich nichts!“

V: „Ach Dekoration?“

I: „Naja, wenn Sie das so sehen wollen?“

V: „Dann nehmen Sie doch Leim.“

I: „Kriegt man dass dann wieder ab?“

V: „Wie oft wollen Sie denn diese austauschen?“

I: „Naja, zwei, drei mal die Woche!“

V: „Das wird schwierig. Ich glaube, da kann ich Ihnen nur noch Klebeband empfehlen.“

I: „Muss ich dann denn selbst zurecht schneiden, oder würden Sie dass für mich tun?“

V: „Eine ganze Rolle? Das kostet aber!“

I: „Ja, was denn?“

V: „Na bei einem Stundenlohn von 35,- € und einer Verarbeitungszeit von 5 min pro Streifen und 5m

Länge macht das ... mmh. Schätzungsweise 500 cm durch 5 cm mal 5 min zu 35,- € 292,- € zuzüglich Märchensteuer."

I: „Zweihundert ... Ähem. Ähem. Ne, da hole ich mir lieber die fertig abgepackten. Danke und auf Wiedersehen."

V: „Auf Wiedersehen... HILDE? Kauze gibt's, sag ich dir."

Sonntag

Ruhetag?
Alles, nur nicht langweilen!

Lass die Sonne in dein Herz...

So geht ein bekannter Song.

Am Sonntag darf es auch

mal wieder ein schönes Buch

zur Weiterbildung sein!

Als kleinen Abgang habe ich für Sie als Sonderzugabe ein paar Verkauftricks. Fiese Kniffe, mit denen arme Leute verleitet werden. Ungemein wirksam. Sie werden Sie verschlingen! Dirtytricks für Verkäufer!

Wenn Sie die Aufmerksamkeit in der heutigen Zeit des Tablet streicheln's und liken's oder Noch-Simsen's haben wollen, dann nutzen Sie markante Ansprachen.

Sie sind **Verkäufer an einem Messestand**. Sie vertreiben pharmazeutische Produkte; so unter anderem Herzpillen. Wenn ihre nächsten Kunden vorbei geschlendert kommen, dann rufen Sie doch einmal: „Ich freue mich, Sie gesund und munter und gut gelaunt hier zu sehen, nachdem wir gestern von Ihrem Konto die 10.000,- € abgebucht haben!"

Sie sind **Scheidungsanwalt** und sehen die Leute an einem Autohaus vorbeischlendern. Gehen Sie auch auf den Gehsteig und rufen: „Na wie gefällt Ihrer Freundin das Auto, dass Sie letzte Woche gekauft haben?"

Sie sind **Autoverkäufer** und können Ihren Konkurrenten nicht leiden. Sie sehen, wie ein Verkäufer gerade Kunden berät. Gehen Sie zu diesen hin und rauen dem Verkäufer hörbar zu: „Ich habe da wieder einen Unfallwagen. Den müssen wir wieder aufputzen, damit wir den hier wieder als Fast-Neu verkaufen können. Ich bringe diesen heute um elf vorbei. Bis dann!"

Sie hatten einen schlechten Tag und fühlen sich immer von den Verkäufern als Deppen behandelt. Gehen Sie doch einmal auf einer **Weinmesse** zu einem Stand und probieren alles durch. Dann sagen Sie zum Abschluss: „Soou. Sch' göe jesss zu meena Garre un fahr' off Arbeet. Bis morsch'n!" (Der ist außer der Reihe. Sozusagen Anti-Verkäufer-Methode!)

Sie sind Inhaber einer **gehobene Boutique**. Ihre Kaufhauskonkurrenz macht Ihnen das Leben schwer. Nehmen Sie einen alten Anzug und gehen dorthin. Wenn gerade Kunden beraten werden, dann legen Sie den Anzug auf den Tisch und sagen: „So eine miese Qualität nach einmal Waschen hätte ich von einem solchen Haus nicht erwartet!"

Sie haben einen **Friseur**laden? Dann nehmen Sie ein kleines Fläschlein und stellen sich auf den Markt. Dann raunen Sie den Passanten zu: „Wußten Sie, dass aus einer Chemiefabrik das Leitungswasser mit Haarwachstumsmittel verunreinigt wurde. Mit diesem Mittel können Sie das Haarwachstum aufhalten! Noch mehr für den Intimbereich gibt's in meinem Geschäft!"

Kennen Sie die Momente, wo Sie unbedingt etwas melden müssen und dann landen Sie in so einer Telefonhotline? Ärgerlich. Da tippt man sich durch und weiß gar nicht ob man dahin kommt, wo man hin will.

Noch spannender ist es jedoch, wenn nach der X-ten Taste der Spruch kommt: „Wir haben Ihr Anliegen registriert. Bitte entspannen Sie sich bei unserer Wagner-Interpretation die nächsten Minuten, bis unser nächster Inder Ihren Anruf entgegen nehmen kann..."

Darum hatte sich eine Versicherung entschlossen, eine neuartige Auswahl aufzustellen.

Das klingt so (wenn Sie wollen, rufen Sie mal 0180 8 543 210 an):

„Guten Tag. Schön das Sie die -*Piiiiiiep*- Versicherung anrufen. Um Sie noch schneller zu bedienen, wählen Sie aus folgenden Optionen aus:

(1) Sie haben einen Schaden zu melden, dann wählen Sie die Taste 1. Unser Psychiater meldet sich gleich bei Ihnen.

(2) Sie können sich nicht zwischen zwei Angeboten von uns entscheiden, dann wählen Sie die ZWEI!

(3) Sie haben Ihre Versicherungsnummer vergessen. Wir wissen sie aber auch nicht mehr. Mit anhaltend gedrückter Taste DREI fällt sie Ihnen vielleicht wieder ein.

(4) Sie möchten sich über einen Vertreter beschweren? Dann wählen Sie VIER. Sie werden direkt mit der BACKCENT-Beschwerde-Hotline verbunden.

(5) Sie wollen uns einmal besuchen? Direktversicherer existieren physisch nicht. Wählen Sie die FÜNF. Wir nennen Ihnen alle unsere Bits und Bytes.

(6) Sie haben einen ungewollten Deckakt zu melden? Wählen Sie

SECHS und wir nennen Ihnen Vertragswerksärzte in Ihrer Nähe.

(7) Sie fühlen sich verfolgt? Legen Sie ruhig auf. Wir wissen wer Sie sind.

(8) Sie zahlen für Ihre Versicherung unendlich viel Beitrag und haben nichts mehr zu essen. Lassen Sie uns kurz gemeinsam herzlich lachen. Wählen Sie die ACHT!

(9) Sie wollen Ihre Versicherung kündigen? Kein Problem. IWAN hilft Ihnen vorher die richtige Krankenversicherung auszuwählen. Wählen Sie NEUN.

(10) Sie halten uns für total bekloppt? Horchen Sie mal in unseren durchgeknallten Arbeitsalltag rein. Wählen Sie die ZEHN auf Ihrer Tastatur.

Verkäufersong

Dicke Leute, dünne Leute

große Leute, kleine Leute.

Ich sehe sie jeden Tag.

Mit jedem Augenschlag.

Stürzen sie zur Tür herein.

Ich lad' sie ein – lad' sie ein.

„Nehm' Sie Platz – ich hab' Zeit."

Bin für 'nen Vertrag bereit.

Ich bin dein Verkäufer

Ich mach aus Scheiße Gold

Ich bin dein Verkäufer.

Ich …. Ich … Ich …

Ob Autos, Klos oder Bürsten.

Oder Chemie durchdrängten Würsten.

Auch Zahncreme oder Klopapier.

Alles das verkauf ich dir.

Apps fürs Handy und Onlinebücher.

Chlorgebleichte Taschentücher.

Gammelfleisch und Düngemittel.

Kriegst du mit samt der Pickel.

Ich bin dein Verkäufer

Ich mach aus Scheiße Gold

Ich bin dein Verkäufer.

Ich …. Ich … Ich …

Immobilien am Arsch der Welt

Für schweißverdientes Geheheld.

Aktienpapiere und Duplikate

Kennste nicht – das ist schade.

Doch einer muss sie nehmen.

Auch's Kiffen wollt ich erwähnen.

Pommes, Bürger und Buletten.

Für die Armen und die Fetten.

    Ich bin dein Verkäufer

    Ich mach aus Scheiße Gold

    Ich bin dein Verkäufer.

    Ich …. Ich … Ich …

Der Reiche ist mir am liebsten.

Mit 20% und du kriegst'n.

Doktortitel, Öl und auch Gold.

Alles, was immer ihr so wollt.

Tränen in die Augen treiben.

Erst im Jubel, dann im Scheiden.

Die Welt ist ein Spielcasino.

Und Ihr seid mein Alltagskino.

    Ich bin dein Verkäufer

    Ich mach aus Scheiße Gold

    Ich bin dein Verkäufer.

    Ich …. Ich … Ich …

T-Shirt´s, Tassen und Give-away´s

Das Verkäufer-T-Shirt

Damit Sie ab morgen in ordnungsgemäßer Kleidung bei Ihrem Arbeitgeber auf der Matte stehen, hier eine kleine Auswahl von T-Shirts für den Mann.

Für Gartencenter-Verkäufer:

Weiß, grün gesprengelt, mit gelben Punkten und Blümchen am Revier (… wie schreibt man das … Kragen). Darauf der Spruch:
„Die dümmsten Verkäufer haben die besten Kunden!"

Für Alltagstechnik-Verkäufer:

Rot, weiße Querstreifen mit kleiner Öse auf dem Rücken zum Einfädeln.
Spruch: **„Ich kann nur Männer!"**

Für Baustoffmarkt-Verkäufer

Olivgrün, mit Einschüben für diverses Handwerkszeugs.
Spruch: **„Mittelgang, vierter Seitengang - links oben!"**

Für alle Anderen

Blau.
Spruch: „~~Doktortitel~~!"

Das VerkäuferINNEN-T-Shirt

Schönheit und Anmut muss mit der Arbeitskleidung nicht passee sein. Hier die willkommene Abwechslung.

Für Supermarkt-Verkäuferin

Rosé, weiche pastellfarbene Blümleins mit großen Querstreifen in gelb.

Darauf der Spruch: „**Da muss ich mal nachfragen!**"

Für Blumen-VerkäuferINNEN

Grün, mit dezentem Touch von Rot getupft.

Spruch: „**Für einen besonderen Anlass?**"

Für Fleischerei-VerkäuferINNEN

Rot. Mit roten Streifen auf rotfarbenem Untergrund.

Spruch: „**Nimm mich gratis dazu?**"

Für alle Anderen

Rosa.

Spruch: „**Frauenquote! Mehr Frauen sollten Männer werden!**"

Wir haben normale T-Shirts. In jeder Farbwahl, solange es Weiß ist.

Spruch: „**Wieder Eine Woche Spaß im Verkauf!**"

Natürlich immer begleiten von unserem Slogan: „Verkäufer vs. Käufer"

Frech kommt weiter!

Frecher siegt!

Ganz frech wird Hausfrau

eines Millionärs!

Selbstverständlich benötigt jeder eine kleine Motivation. Dafür haben wir für Sie unsere Motivationsbecher. Bestellungen sind jedoch erst ab der übervornächsten Woche möglich.

Wählen Sie Ihr Motiv:

A) Ein dummes Gesicht

B) Ein zweites dummes Gesicht

C) Eine Gruppe dummer Gesichter (mehrere Tassen sozusagen)

D) Einen Hund

Dazu haben Sie die Auswahl folgender motivierender Sprüche:

1) Was grinst du so blöd?

2) Such! Such! Braver Verkäufer...

3) Arbeitest du noch für deinen Chef oder schon für deine Frau? (geht auch mit Chefin und Arschloch)

4) Wenn dein letzter Geschäftsabschluss dich nicht zum Millionär gemacht hat, solltest du die Branche wechselt.

5) Du musst nicht arbeiten. Du könntest auch eine Bank ausrauben. Oder harzen. Oder Omi fragen.

Ende Woche, alles ...

Ne, Leute. Die meisten

Verkaufsgespräche

gehen in die Hose. Also:

... für die Katz!

So. Das war's dann wohl.

Ich weiß, Ihr wollt noch mehr. Aber denkt mal an mich! Ich arbeite schon an Teil II, III und IV. Ein Fortsetzungssatire-Serienbuch. Es ist anstrengend zu schreiben.

Wenn du dich bei jeder dritten Zeile krümmst vor Lachen, dann kriegst du kaum zwei Seiten pro Tag hin.

Schweißgebadet. Und das Lektorat erst. Habe schon ein paar Leseproben verschickt. Kriege ich zurück: Übersät mit Kaffeeflecken. Krümelspuren. Rausgerissenen Seiten. Und die Antworten auf meine Fragen? Konnte mich nicht mehr halten! Oder habe ich als abschreckendes Beispiel in mein Seminar integriert! IMMER ZU! Macht! Soll die Welt wissen, wie es wirklich ist.

Und da ist dann noch „Stoische Verkäufer. Wie ich Depp es mach, das es keiner merkt." Das muss ich noch mal überarbeiten. Es ist noch viiiiiiiel schlimmer! Ja.

Also es war schön, dass du es geschafft hast, bis hierher zu lesen. Überweise jetzt schnell den Goldtaler und dann ist alles gut. Und übe Geduld!

Ich will ja auch nicht so'n Blödsinn wie „Millionär in Sekunden. Das Powerdings." schreiben. Wo dir erzählt wird, wie du ganz schnell reich wirst. Schaffst du eh' nicht. Reich werden nur die obersten 1,38674%. Und die sind voll. Da geht kein Reicher mehr rein. Arm sein ist auch schön.

Lastenfrei. Du hast nichts zu verlieren. Könntest also was richtig Geiles riskieren. Eine Revolution anzetteln. Den ganzen Tag Bier saufen. Oder eben etwas NEUES erschaffen.

Das trauen sich die Reichen nicht. Die könnten was verlieren. Also: Mach dich bekannt.

Kaufe 1.000 (tausend – nur zum Verständnis) Stück meines Buches – das du gerade in Händen hältst oder als eBook liest – und schenke es deinen Businesspartnern.

Welche Vorteile entstehen dabei:

1. Zielgruppendiversifikation: Sie mögen oder hassen dich hinterher!
2. Sie denken an dich!
3. Sie vergöttern dich, dass du Ihnen eine solch wertvolle, freizeitfüllende, entkrampfende Erfahrung verschafft hast!

Das Leben ist hart. Bist du härter? Dann kaufe 10.000 Stück. Nur zu! So viele Leute kennst du nicht? Wie soll das denn dann mit der Million was werden? Also rechne mal: 10.000 Leute; oder Kunden sagt man auch; kaufen nach dem Geschenk bei dir für 500 Euro ein. Davon ist 20% Gewinn. Macht 5.000.000 € Umsatz und 1.000.000 Gewinn. Und das für einen Werbeaufwand von nicht mal 200.000 €. Ruckzuck. So im Vorbeigehen. So wird man Millionär. Machste 10 mal im Jahr – und haste Ruhe bis Ostern!

Klick hier zum Bestellen!

Mach dich REICH!

Für alle anderen gilt: Das Hamsterrad ist eine tolle Erfindung. Kuck mal, jeden Tag dasselbe. Keine X-Lernstunden und ständig neues Wissen eintrichtern. Der selbe Rhythmus. Keine Überraschungen. Keine Plagen mit Untergebenen. Keine wackligen Stühle. Einfach schön.

Schlusswort:

Ich bin dann mal wech!

So, jetzt aber. Ran an die Kunden. Plan für nächste Woche erstellen. Wie viele Kunden sollen mich anrufen? Wie viele Kunden sollen zu mir kommen? Wen will ich im Social Net bloß stellen. (Mal Konkurrenten zeigen, was für Flachzangen das sind!)

Auf Basis dieser Daten können dann Werbespam versendet werden. Am Besten 3 Mal täglich. So das auch Keiner durchs Netz fällt.

Auf. Auf! Legen Sie los. Verplempern Sie keine Zeit mehr!

M A C H E N!

Ein Zen-Spruch sagt:

Durch das

TUN

wird das

Denken

unerschöpflich

in seiner

WIRKUNG!

Also weniger Denken; mehr T U N! Üben Sie schon einmal das Empfehlungsmarketing. Empfehlen Sie dieses güldene Werk an alle, die Sie leiden sehen wollen. Als Rache für ´nen verpatzten Abschluss.

Tschaui ….

ANHANG

Irgendwie hängt jeder an was!

Also ich hänge zum Beispiel an einem Hund. Der heißt Samy. Ist ein Lieber.

An was hängen Sie so? An der kurzen Leine denke ich mal ...

Quellenverzeichnis

Die Quelle der Elbe liegt irgendwo in der Tatra. Der Rhein beginnt glaube ich in Mitteleuropa. Also Leute, wer sich das hat einfallen lassen, dass man beim Schreiben eines Buches alle Quellenorte kennen muss. Fragt doch einfach mal Go...-maps oder so...

[1] Frank Mißbach „Stoische Verkäufer. Wie ich Depp es mach, das es keiner merkt." Verlag „Bücher die nie veröffentlicht werden sollten bgGmbH (besonders gemeine GmbH)" 2016, Seite 44, Absatz 2, Satz 1, Wort 7, 18.

[2] Aristophulus „Sparta. Der Ursprung stoischer Verkäufer", Eigenverlag, 692 v.u.Z., Rolle 4.872

[X] Duden, 2013, Dudenverlag, (*Also vom Prinzip her steht da jedes Wort drin. Es wäre anstrengend alle aufzuführen. Das würde das Buch sprengen! Blobb! Also: Seite 1 bis Seite 300? 1.000? 18.000? Ausser natürlich die sächsichen Wörter. Und die mit Fehlern drin. So wie z.B. „Ausser"! Schreibt man eigentlich mit einem „s"!)*

[Y] Xing (*www.xing.de*), Facebook (*www.facebook.de*), Blogs von mir. 2005 bis dato.

Das Lachen hat jetzt ein